顔立ちから子どもを知る

―― ルイ・コルマンの相貌発達心理学 ――

L.コルマン 著　須賀恭子 訳

北大路書房

CONNAISSANCE DES ENFANTS
PAR LA MORPHOPSYCHOLOGIE

by

Louis Corman

Copyright ⓒ1975 by Presses Universitaires de France
Japanese translation published by arrangement with Presses Universitaires de France
through The English Agency (Japan) Ltd.

―― 凡 例 ――
1．文中の原著注は＊マークで示した。
2．文中の訳者注は†マークで示した。

序

　子どもを知るということは，その子の知的な能力や感情的な特性，性格特性について述べることができるということである。しかも，実態を詳細に見極めることのできる客観的な方法を用いてそれを達成することができるのでなければならない。たとえば，心理学では知的な能力の高さを決定できる知能テストが実施され，質問紙やパーソナリティテストによって性格のさまざまな傾向が評価される。心理学者のねらいは，得られた結果を数量化し，子どもたちを相互に比較し，統計的な評価をするということである。

　しかし，知るということは，もっと深い意味をもっている。ただ知ることではなくともに生きることである。子どもを知ることはその子が感じていることそのものを感じることであり，その子の喜びや苦痛をともに経験することであり，その子が成長していくというすばらしい冒険を，日々その子とともに生きていくことである。

　子どもを知るということは，1つの意味では，子どもを判断し，子どもを対象として外側から研究し，（分類学がするように）研究者の精神において概念化されたカテゴリーの1つに子どもを分類することである。それは要するに，たとえば子どもへの教育的な影響力を持つために，あたかも物を所有するように子どもを所有しようとすることである。

　それとは反対に，子どもを知るということのもう1つの意味は，子どもを判定することではなく，子どもを理解し，その存在の深みにおりて，実態に即して子どもと向き合うこと，つまり対象ではなく主体としての子どもを見つめることである。この意味では，この知識は，私たちが知りたいと思う子どもへの私たち自身のかかわり合い，個人的な参加と切り離せないものである。そして，この参加は愛を意味している。

　子どもの教育については，これまでにも多くの有用なことが書かれてきた。そして，これらの書物を学べば，研究対象となる子どものパーソナリティについてたくさんの知識を得ることができる。ところで，こうして知らなければな

らないすべてのことについて十分な情報をもっている人々であっても，実際には凡庸な教育者にすぎないということがある。反対に，教育についての科学的な理論をまったく知らない両親が，愛の与えてくれる洞察力に富んだ直観的な知識によってよい教育者になる，ということもある。

しかしながら，いわゆる直観はあまりにも主観的であり，それゆえ過ちに陥る場合があると考えられる。直観は，それが知識によって裏打ちされているとき，それによりいっそう大きな価値をもつのである。子どもを科学的に研究することを禁じる必要はまったくないのだが，このようにして得られた知識が私たちの生活に組み込まれ，全身全霊をこめて，子どもを知るという冒険にかかわるということが大切である。

ところで，生命は動くものである。つまり，**動的**である。子どもについての知識が子どもを型にはめたり，子どもを不動の対象として固定するものとなってはならない。そうではなくて，その知識が生命の動きそのものに従うようにしなくてはならない。特に，子どもの段階では，成長するにつれて，いま現在の均衡状態が絶えず変化していくのであるからなおさらである。

それゆえ，子どもの成長のようすを見守らなくてはならない。それによって，機能と形態の創造的な豊かさ，その生命の神秘が日々新たになっていく驚くべき光景を目の当たりにすることができるのである。

私たちは，生体内部で機能的な変化が絶えず起こっていることをよく知っている。また，これらの変化の大部分はあくまで隠されたままであるということも知っている。ところで，それらの変化に対応して生じる顔立ちの変化はいつでも目で見ることができる。洞察力がありさえすれば，成長の各段階で深いところで何が起こっているかを顔立ちの変化をとおして知ることができるのではないだろうか。

実際，**機能と形態の間には一貫した相関関係がある**。この相関関係の法則を見出すことができるならば，それは私たちに人間についての生きた研究方法を与えてくれるものとなろう。そして，そのことによって，生きた存在をその動きにおいて捉えるという，静的な手法ではけっして達成できないことを達成するうえで，起こりがちな過ちを逃れることができるであろう。

これこそが相貌発達心理学の方法なのである。この著作を通じてその方法が

子どもを知るためにどれほど有益かということを以下で示そうと思う。まずは，私がどんな道筋をとおってそこに到達したかを示すことから始めることとしよう。

　リヨンの医学者，クロード・シゴー（Claude Sigaud）は，20世紀のはじめに，形態生理学的な相関関係を規定する法則，膨張―縮小の法則を確立した。そのことから私は学問上の恩恵をおおいに受けている。この発見によって，病気にかかっているいろいろなタイプの人の反応の相違が分析できるようになったのである。しかしタイプによる反応の違いは病的な状態の変化に関係するだけではない。それはまた個人の気質に関する知識の最も重要な材料ともなるものである。私は，「気質」についての2冊の本*において，シゴーの概念について詳細に説明した。

　　* *Le diagnostic du tempérament par la morphologie*, A. Legrand, Paris, 1947（絶版）; *Connaissance du tempérament* Oliven, Paris, 1953.

　よく知られているように，昔の人たち（ヒポクラテスなどのギリシャ人）が気質を考える場合，人間は分けることのできない1つの全体であると見なされていた。彼らは身体と精神の分離という，近代においてよく陥る過ち，生理学的過程と心理学的過程を2つの根本的に区別されるべき領域と見る過ちを犯してはいなかった。ごく最近になり，いわゆる心身症という障害を確認することによって，その過ちが再認識され，古代の概念が再発見されることになった。心身症という用語は心理的なものと身体的なものとの内的関連を意味するからである。

　形態学は，気質という観点から人間を研究するとともに，たんにシゴーが明らかにしたような個々人の生体機能だけではなく，心理的な機能，性格や知能をも明らかにするものとして位置づけられるようになった。シゴーの法則に基づいて，1937年に出版された個人のパーソナリティ診断のための『相貌心理学的方法の基礎』**, ***はまさにこのようなものであった。後に私は，膨張と縮小という対立する生命の動きの意味づけをいっそう深めて，それらが生命の2つの本能に対応する，ということを発見した。すなわち拡張の本能は身体の膨張に，保守の本能は身体の縮小に対応するのである。そしてこの発見によっ

て，相貌心理学的な対応関係に初めて科学的基礎が与えられたのである。

   ** *Quinze leçons de morphopsychologie*, Stock, Paris, 1937（絶版）.
   *** *Manuel de morphopsychologie*, Stock, Paris, 1947（絶版）.；*Nouveau manuel de morphopsychologie*, Stock, Paris, 1966.

　人間を不可分な全体と見なすということは，身体器官の機能，心理機能および（身体と顔立ちの）形態という基本的だが異なった領域に表現された，実在の3つの様相を見るということなのである。子どもを日常的に観察すると，当然そこへ導かれることになる。というのは，病気のときだけではなく子どもが成長していくときも，気質の反応様式と心理的生活の現われ方は密接に溶け合っていて，どちらに帰すべきかをいうことは困難なことが多いからである。

　私はこの著作を通じて，たとえば知能という機能が身体から独立した純粋に心理的作用なのではなく，他の諸機能や生体の全体的な生命力に依存しているものとして考察することになるであろう。そして，この独自の観点から知的な能力の成長を考察することによって，読者は，この方法なしにはあいまいなままにとどまっていたかもしれない諸問題，特に学業の進歩に関する諸問題が明確にされるのを知ることになるであろう。

＊
＊　＊

　以上に続いて，シゴーが示した膨張—縮小の法則をまず非常に一般的な形式において説明するのが，当然の順序かもしれない。しかし，抽象的すぎる説明よりも，子どもの成長ということにシゴーの概念を直接具体的に適用するほうがよいと思われる。そうすることによって，こころとからだという相反する2つの生命力が生体において果たす役割を生き生きと考察することができるからである。

　第Ⅰ部では，まず，子どもに見られるタイプを特別な前提なしに考察し，成長とともに諸機能が漸進的に発達していく過程で，心理生理学的な均衡が達成され成熟に至るまでの間に**膨張**（生命の拡張）および**縮小**（生命の保守）という過程が演じる相互補足的な役割が，形態学によってどのように解明されるのかを説明していく（第1章）。

　続いて，（膨張と縮小という）2つの過程のうち一方が他方より極端に優位

にあるような場合には，それが遺伝的素質によるものであれ環境の影響によるものであれ，気質や性格のうえで非常にタイプの異なる子どもが生じるということを示す。この研究において初めて，均衡と調和という概念を定義することになるだろう。これらの概念は，後述のように，たいへん重要な概念であり，これらを考慮することによって初めて，成長途上の人間はもとより成熟期の人間にあっても一貫して作用し続けるダイナミズムが，生きた現実のなかで捉えられるのである（第2章）。

これに続く各章では相貌心理学的に見られる多様なタイプが示されるが，それはひとたび特徴が定義されるとそれ以後は変わらない固定化したモデルの定義ではない。そうではなくて，刻々変動していく現実の一瞬間を切り取った見方なのである。タイプの変化が起こらないということはあり得る。もし対立的な傾向が発現することもなく，また環境の影響も特別なことがないとすれば，タイプはそのまま持続するであろう。そのような意味で限られた状態なのである。この点については，相貌心理学は不変なものの体系としてではなく，ダイナミックな解釈の方法として考えられなくてはならないのである。さまざまな子どもを前にして，子どもを序列づけたり既定の類型に閉じ込めたりするのではなく，膨張と縮小の概念に依拠して，子どもを構成し，さらに子どもを動かし続けている内的なダイナミズムを理解することが大切なのである（第3章，第4章）。

脳と思考の発達が人類を特徴づけるうえで重要なことを考慮して，頭蓋骨と額の形態の研究には特別な一章を当てることにする（第5章）。

次いで（第6章），近代性格学が取り扱ってきたいろいろなタイプが，顔の特徴の研究によっても非常に簡単に類別できることを示し，相貌心理学の方法による分類の正当性を立証する。ここではまた，パーソナリティをめぐる動的な解釈にそって，近代性格学の非常に静的な考え方を批判し，その誤りを修正することになるであろう。

同じ意味で，心理的発達に影響を与える要因を環境と出来事にのみ帰する，やや偏った誤りに訂正を施したうえで，**性格の精神分析的な見方を相貌心理学の根拠として導入する**。環境の影響を受ける主体の側の特殊な感受性は重要であり，気質と関係して相貌心理学的な解明がなされるべき感受性との関係を抜

きにして，環境の影響を正しく評価することはできないのである（第7章）。

*
* *

　これらの一般的概念にはすでに豊富な実践的裏づけがある。第Ⅱ部では，相貌発達心理学的な実践に焦点を当て，具体的な補足資料を提供する。
　心理学的理解とともに，顔立ちの判断に関係して人物肖像の把握のテクニックが示される章（第Ⅱ部第8章）があり，その後に，エーマンおよびル・センヌ（Heymans–Le Senne）の性格学の着想に基づいて，最もふつうに出会う子どものタイプを総括的に提示し，それによって，相貌心理学とル・センヌの性格学とがいかによく一致するかを示していく（第9章）。
　教育家が日常実践のなかで出会う典型的な状況を生き生きと具体化するために，引き続く2つの章では，家庭の子ども（第10章）と学校の子ども（第11章）を検討する。この区別は，たしかに大部分技術的なものにすぎないのであるが，啓蒙的明晰さという利点がある。というのは，この区別によって同じ事柄にかかわる2つの異なる領域，つまり，性格の領域と知能の領域に力点を置いて述べる機会が生まれるからである。
　通俗的な色彩の濃い本ではよくあることだが，私は，相貌発達心理学を知れば子どもについて知るのはたやすいことである，などと読者に吹き込むつもりはない。言いたいことの要点は，このような企てに立ち向うにはまじめさが必要だということである。短時間で，また深い研究もなしに相貌心理学者になることはできない。さらに冒頭に述べたように，この場合はテクニックや知識があるだけでは十分ではないということも思い出さなくてはならない。子どもを知るということは**ともに生まれる**†ということ，つまり子どもとともに生きるということである。それは，私たち自身の中で，子どもを動かしている2つの動き（膨張―縮小）を再び生きるということである。それは，子どもを前進させる膨張の動きのなかで子どもについていき，また，子どもを保護的環境のほうへ後退させる縮小の動きにおいても子どもに従っていくということである。私たち自身で子どもが感じていることを感じ取り，そのことによって子どもをその内部まで理解するということである。こうして，私たちは，相貌心理学を実践し，形態のなかに存在の内的現実が直接反映しているのを見ることができ

るように，愛情を込めて私たちの目を訓練しなくてはならないのである。

† connaître（知る）という語はco（ともに）とnaître（生まれる）とに分解される。

目　次

　　序　　i

第Ⅰ部　相貌心理学からみた子どもの発達　1
第1章　子どもの発達―生命の2つの本能　2
　1．受動的拡張期　3
　2．能動的拡張期　5
　　　　攻撃性の誕生
　3．拡張期の顔立ち　7
　　　　受動的拡張／能動的拡張
　4．保守本能の介入と2つの本能の均衡　11
　5．局所拡張の顔立ち　13

第2章　膨張タイプ，縮小タイプ，および中間タイプ　18
　1．膨張タイプ（強い拡張優位）　18
　2．縮小タイプ（強い保守優位）　20
　3．膨張タイプと縮小タイプの相貌学的対比　23
　　　　身体の対比／顔の対比
　4．膨張―縮小の混合タイプ　29
　　　　補足
　5．混合タイプの顔立ち　32

第3章　局所拡張のタイプ　36
　　　　均衡と分化
　1．単純拡張のタイプ　40
　　　　本能ゾーン拡張のタイプ／感情ゾーン拡張のタイプ／頭脳ゾーン拡張のタイプ
　2．二重拡張のタイプ　47
　　　　本能―感情タイプ／感情―頭脳タイプ／本能―頭脳タイプ／鼻脇前面縮小

3．能力適性　55
　　　　　本能ゾーン拡張のタイプ／感情ゾーン拡張のタイプ／頭脳ゾーン拡張のタイプ
　第4章　応答傾向，外枠と内枠　61
　　　1．開放的受容器の縮小タイプ（即時応答型の縮小タイプ）　63
　　　　　相貌学／生理学／心理学
　　　2．閉鎖的受容器の膨張タイプ（遅延応答型の膨張タイプ）　72
　　　　　相貌学／生理学／心理学
　　　3．補償的応答タイプ　75
　　　　　相貌学／生理学／心理学／能力適性
　第5章　額　80
　　　1．額の分化と調和　82
　　　2．額の大きさ　86
　　　　　小さな額／大きな額
　第6章　相貌心理学と性格学　95
　　　1．構成要素の特性　95
　　　　　感情性／活動性／応答性
　　　2．感情性（E）と活動性（A）の組み合わせ ── 一般的な4類型　99
　　　3．感情性（E）と活動性（A）および応答性（P/S）の組み合わせ
　　　　　　　　　　　　　　　　　　　　　　　　　　　　　─8類型　102
　　　　　感受性と知能／活動性と知能／応答性と知能
　第7章　相貌心理学と精神分析　114
　　　1．エディプス期以前の顔立ち　115
　　　2．エディプス期の顔立ち　118

第Ⅱ部　相貌発達心理学の実践　123
　第8章　検査の技法　124
　　　1．相貌学　124
　　　　　顔立ち／形態と表情
　　　2．心理学　128
　　　3．相貌心理学検査の一般的手続き　129
　第9章　能力適性　135
　　　1．神経過敏型：感情性・弱活動性（E-nA）型　141
　　　　　顔立ち／身体活動能力／感情面の適性／知的能力適性／意欲面の適性
　　　2．活動型：弱感情性・活動性（nE-A）型　147

　　　　　　顔立ち／身体活動能力／感情面の適性／知的能力適性／意欲面の適性
　　3．神経過敏—活動型：感情性・活動性（E-A）型　151
　　　　　　顔立ち／身体活動能力／感情面の適性／知的能力適性／意欲面の適性
　　4．無力型：弱感情性・弱活動性（nE-nA）型　156
　　　　　　顔立ち／身体活動能力／感情面の適性／知的能力適性／意欲面の適性
第10章　家庭内の子ども　162
　　1．正常な発達　162
　　2．性格類型と行動　163
　　　　　　拡張段階での固着／力感型縮小タイプと無力型縮小タイプ／局所拡張タイプ
第11章　学校内の子ども　173
　　1．学校への適応　173
　　2．教師の役割　174
　　3．感覚運動的知能　175
　　4．内省的知能　176
　　5．頭脳ゾーンの拡張　178
　　6．学業への動機づけ　181
結論　182

付録　従来の類型学との対応表　185
索引　187
訳者あとがき　191

第Ⅰ部

相貌心理学からみた
子どもの発達

第1章

子どもの発達—生命の2つの本能

　幼年時代を第1に特徴づけるものは，**成長**である。この現象のおかげで，まわりの環境からの食べ物の供給と遺伝的な活力である固有の力によって，身長と体重を大きくし，すべての生命機能の成熟を少しずつ獲得していくのである。

　この成長現象の重要性からすれば，病気と死から生命を守る保守の本能こそが生命の本質であるとするわけにはゆかない。というのは，生命は，成長すること，発展していくための空間と活動範囲を広げていくことほどには，保守に努めようとするわけではないからである。要するに，生命を本質的に特色づけるのは**拡張の本能**である。この場合，拡張という語の意味にむずかしいことは何もなく，ガスが拡散するとか人々が散らばるとかと同じ意味で用いられているにすぎない。ともあれ，生命力の豊富さに直結した拡張本能は，実際，若い人々や成長期の子ども，青年期の人々，さらには成熟期の成人たち，一言でいえば，内的に豊かな活力に突き動かされるすべての人々において支配的なものなのである。反対に，保守の本能はといえば，病人や老人など，生き残るために外的活動を減らし，残っている生命力を保持しなくてはならない人々において支配的なのである。

　成長による拡張は，すべての生命機能とその機能を担う器官に現われる。そのことは，身体や顔立ちに起こる形態の変化をとおして私たちの目に客観的に明らかになる。一方では，生体全体の生命的な拡張の力は全体構造の変化のなかに読み取られる。他方でまた，生命器官のそれぞれの機能的拡張と成熟が部位ごとの特殊構造で読み取られるのである。

1．受動的拡張期

　乳児の拡張は受動的であることを特色とする。この年齢では，身体はそれをとりまき，栄養物を提供してくれる環境により影響されるがままである。とめどなく影響を受け入れることによって，最初は母胎のなかで，次に誕生直後の年月に身長と体重を急速に増大させる。見ることもできない小さな細胞から始まって，9か月経って体重3キロになる胎児は，子宮から出て5か月の生活でさらに体重を倍加し，1年で3倍となり，2年で4倍にもなるのである。

　この**受動性**―**受容性**（環境の影響をただ受動的に受け入れること）の最も重要な特色の1つは**感受性**の欠如ということ，つまり，環境の危険な作用を感得させ身を守らせるための感受性が欠けているということである。これは説明を要しないことであろう。食べ物のなかに何か有毒なものがあるとしても，乳幼児はそれを他の食べ物と同じように飲み込んでしまう。銀貨やブローチなど危険なものでも乳児は喜んで口にする。火のすぐそばにいるときは，同じく感受性の欠如によってやけどを負う危険がある。また，四六時中泣いている乳児の場合，シップ剤や熱い湯たんぽなどで事故をまねくことが気づかれないまま放置されて，やけどをさせてしまうこともめずらしくない。

　一般的にいえば，新生児は多くの動物とは違って未熟な状態で生まれる。その機能はどれも――最も発達の早い消化の機能を除けば――準備完了の状態にはなっていない。たとえば，体温調節の機能はまだ欠陥があり，寒さにさらされると風邪を引き，暑さにさらされると体温が上昇する。また，乳児は有毒なものや病原菌の侵入に対して身を守ることができない。たとえば，もし肺結核に汚染された環境に置かれればすぐに感染するだろう。効果的な治療ができるようになる近代以前には，結核の兆候を示すプラスの皮膚反応は，2歳未満の年齢ならほとんど確実な死の徴候なのであった。

　つまり，乳児は自力だけでは滅びる危険に身をさらされている。環境がもたらすものをすべて吸収してしまう。それゆえ，ひとりではできない選択を乳児に代わって誰かがしてやることが必要となる。受動的な口唇期には，乳児を損なうことがあるかもしれないすべての危険を排除した環境（保護的環境）のなかで生活し，守られることが必要なのである。乳児はこのようにして長い年月

にわたり，家族的な環境，とりわけ母親に依存して生きなければならず，母親の存在とその完璧な用心深さが必要不可欠なのである。
　この保護的環境は，よい成長を遂げるための食物の供給が十分な，**豊かな環境**でなければならない。健康によい，栄養のある食物が非常に重要な役割を演じることはいうまでもないが，重要なのは栄養だけではない。酸素と湿気を十分に含んだ空気もまた必要である。運動器官を育てる運動の役割も重要である。赤ん坊は，腕に抱かれ，動かされ，揺られ，小さな車で散歩させられる必要がある。環境の影響は，すべてが栄養なのである。赤ん坊には，目を育てる光と，耳を育てる音が必要である。体の表面を育てる愛撫も必要である。そしてこれらの栄養物のなかに，**母の愛**，たんに母のお乳だけでなく，母が絶えず気遣ってくれること，母の腕の柔らかさ，母の顔の微笑み，歌のような母の言葉などを含めなければならない。
　これら環境の作用の大部分は「感覚」を生み出すにすぎないのに，なぜ「栄養」という言葉を使うのか疑問に思われるかもしれない。たしかに，人生の初期段階には，子どもはまだパーソナリティという内的中心も，自分が感じる印象を報告できるような「自我」も有していない。乳児をとりまくものを「知覚する」ためには，環境から自身を引き離し，環境と対峙する必要があるのだが，それが達成されるのはもっと後のことなのである。拡張途上の乳児は，周囲の環境と一体になっていて，文字通りの意味で環境に溺れている。いわば透明で，まったく一体なのである。この時期——精神分析家によって口唇期と正当に名づけられた段階——に，ただ１つ能動的な部位がある。それは消化器官の入口である口にほかならない。乳児は，乳房や哺乳びんを吸うとき能動的である。この口唇期に口唇活動が優位であることは，生後数か月の間，乳児が周囲の物を知るために何でも口に持っていくという事実によって裏づけられる。この年齢の最大の機能は，実際，口による同化なのである。この特別な部分は感覚受容器であるということに注意しよう。そして感覚受容器は，すべてこの口唇モデルに従って機能するのである。「栄養」という比喩を用いる理由はここにある。口は食物で養われ，鼻は空気と匂いで，目は光で，耳は音で，手は接触で育てられるのである。

2．能動的拡張期

　誕生時の運動器官はまだ眠っている状態であり，ただ１つ，口唇部位だけが一定の活動性を示すということを，前記に述べた。

　しかし，最初の数か月が過ぎ去る間に運動機能は徐々に成長増大し，生後１年の終わりごろには重要な機能となって働くようになる。それはまず，それまで優位にあった口の部位において，つまり咀嚼筋と歯の成長（咀嚼し噛む能力を与える）によって，そして排泄器括約筋の能動的な制御（自分の意志で排尿，排便をする能力）によって示される。

　四肢についていえば，運動機能は，筋組織の発達と神経制御によって発現し，対象の把握，立つ姿勢，歩行などが可能になる。感覚受容器においても同様である。それまで赤ん坊はただ見ているだけであったが，このころから見つめるようになる。それまでは聞こえていたのだが，今やじっと聴くようになる。受動的に感じるだけだったが，今は味わい，においを嗅ぐ。触れられるままだったが，今は能動的に触れるようになる。

　この段階の幼い子どもは運動に没頭する。運動という世界への大きな出力を用いて，環境のあらゆる刺激に反応するようになる。まず，刺激が子どもに運動を引き起こし，子どもに喜びをもたらし，次にこの喜びのために刺激を求めるようになる。この年齢では，身振りを教えるのは有用性のためではなく，遊びの楽しさのためである。しかしこの遊びは，たとえ表面上役に立たなくても，子どもの個性の発達には必要なものである。見かけ上で効用のない遊びでも，子どもはその経験によって育てられ，少しずつ外的世界に適応していくのである。

　拡張の本能が非常に優位にあるのは，この段階でも同じである。ただし，もはやあるがままの環境をただ吸収するだけではなく，子どもは能動的に環境に向かっていく。そして初期の窮屈な保護を越えて，少しずつ生きる空間を広げていく。まず保育室を探索する。さらに家を，ついにはまわりの庭を探検する。このように，子どもは自律性を徐々に獲得する。これ以降，**依存という生まれながらの欲求と，独立をめざす新たな欲求との間に葛藤が生じる**ことになるのである。

しかし，拡張本能が自由に発揮され（時には保護的環境の外側にまで），自然環境の無数の危険にさらされることになるのであるが，子どもはまだ十分に身を守ることはできない。火にさわってやけどをしたり，熱いココアを飲み込んだりする。髭を引っ張ろうとしてネコに引っ掻かれる。石につまずき転ぶ。ナイフで手を切る。自分のおもちゃを取ったほかの子と争う。生命の拡張の軋轢や突然の停止や不満は，苦しみにまでいたることもあり得る。というのは，この年齢ではまだ節度の心得などはなく，自制心が現われるのはもっと後のことだからである。子どもは周囲から手ひどい経験を与えられるような場合，特に有効な方策をもっておらず，ただそこから後退し，保護的環境のほうへ，「ママ，たすけて」と逃げ込む以外ない。

　その結果，能動的な拡張による生活空間の拡大は，連続的に発展するのではなく，行ったり来たりの運動によって行なわれる。**進歩**は，障害に出合うたびに**退行**という反対の動きに席を譲り，いわば二歩進んでは一歩下がるということになる。こうして，親指をなめたりミルクを要求し始めた子どもが，もとの赤ん坊のような存在にしばらく逆戻りして，母親の腕の中に逃げ込んであやしてもらいたがったり，時には不潔な状態（おもらしをしてしまう）にもどるということがよく見られることになる。

　最も大きな退行は，**眠りの中に逃げ込む**ことである。眠りは，いわば子どもを母性の城壁によって特別に保護された状況へともどしてくれる。そして，子どもはむずかしいことに出合うたびに，しばしばこの逃げ込みを利用するのである。

　ここには，乳児期最初の葛藤の1つ，それもけっして小さいものではない葛藤を見ることができる。進歩ということには常につきものなのであるが，**能動的拡張は一種の冒険であり，未知の世界の新たな発見であり，困難であり，危険である**。そしてそれはいつも差し迫った危険の苦しみであり，またある程度までは必要な苦しみでもある。反対に，**退行は進歩の拒否であり，現状の維持，確実によく知っていることの希求であり，一言でいえば，それは，葛藤をもたらす冒険の苦しみを抑制して，保護的環境にとどまる安心感なのである**。

　子どもの生活において，**安全への欲求**の果たす役割はどんなに強調してもしすぎることはない。この欲求は，生命の拡張力が弱い子どもほど強くもつこと

になる。これにより，生命力が弱い気質タイプの子どもが安全欲求を強くもつことが説明されるのである。

■攻撃性の誕生

能動的拡張期には，子どもと周囲の人や物との関係は，力関係であり，外的世界を確実に制御しようとする試みである。その結果，子どもの運動活動は，衝動性と非理性的性格のために，しばしば破壊的なものになりやすい。運動性，生命の活力，闘争心，攻撃性はこの年代の子どもにあっては同義語である。子どもの生命力は家族のなかに暴力と無秩序を撒き散らし，しばしば両親の叱責を引き起こすようなかたちで現われる。この叱責が極端に厳しくもなく強制的なものでもないなら，子どもはそれを受け入れ，荒々しい衝動をおさえることを学んでゆくことができる。しかし叱責の度が過ぎて抑圧的になると，子どもの暴力的衝動はいっそう引き起こされる。生命力は攻撃性となり，もはやただたんに活力の一般的な発散ではなくて，欲求を抑えつける人に対して特別に向けられる攻撃性となる。この見方は，精神分析学者が活動期の2つの主要な段階を特色づけるために用いる用語，すなわち，**口唇サディズム期**と**肛門サディズム期**を裏づけるものとなる。実際，精神分析学者が，成人の加虐的態度について乳幼児期のこれら2つの段階における衝動が異常な形で存続していることによると考えるのには正当な理由がある。周知のとおり，乳児は噛むくせをもっている。しかも，子どもがしたいと思うことを強く抑圧すればするほど噛みぐせも強くなる（口唇サディズム期）。同様に，肛門サディズム期には，子どもは欲求不満におとしいれる人に対する攻撃性を充足させるために，排便の機能を利用してズボンのなかに排便したりする。これもまた強制に対して抵抗する最も一般的な方法なのである。

3. 拡張期の顔立ち

生命の拡張は，顔の形態において客観化される。というのは，拡張作用により，身体は環境から多量の養分を同化することによってのびのびと開花し，身長も体積も大きくなるからである。

■ 受動的拡張

　シゴーの用語では，乳児は**膨張タイプ**（図１）に属する。子どもはまったく丸型である。頭はボール状であり，胴体も，関節が丸くてくびれた手足もボール状である。身体を覆う表面はすべて丸みを帯びた線で縁取られていて，画家や彫刻家がシゴーと同じように丸型と呼んでいるものを形成する。骨格—筋肉系の成長が乏しいということによって，乳児の肉付きは柔らかく，肥満が優位になる。より深いレベルでいえば，組織の水分が多いということにも注意すべきである。水分に満ちた豊かさは，血液に対するリンパ液の優位に結びつく。それは，昔の人によって**リンパ質**という名称で呼ばれた気質に対応するものなのである（p. 186, 付録参照）。

　水分の豊富さは，まぎれもなく，生体の奥深いところで成し遂げられる変換に好都合である。水を含んだ土地が，種を芽生えさせるのに好都合なのと同じことである。水分の豊富さはまた，組織の柔軟性，特別な可変性を与える。誰もが知るとおり，これは年齢が進むにつれて少しずつ失われていく。たとえば

これは膨張タイプである。手足よりも胴体が顕著な優位性を示す。身体の各部分すべてが丸い形をしている。非常に短い首に丸い頭と顔。顔のほかの部分に比べて非常に大きな，丸いボールのような額。これは，人類の生まれつきの特色（人間の頭脳拡張タイプ）を意味している。大きく開いた感覚受容器が注目される。

図１　１歳未満の乳児の体型

周知のように，外傷性障害により幼い子どもの身体は屈曲したりはするが，老人の身体とは違って簡単に折れたりはしない。乳児の骨組みは若木の森にたとえることができる。若木の樹皮（人間では骨膜にあたる）は，断裂の危機に際して抵抗し，曲がる（それゆえ「緑樹の断裂」と呼ばれる）。枯れた木にたとえることができる老人の骨組みは，わずかなショックでも完全に壊れることがある。

　膨張タイプの乳幼児は，**無力性**と柔らかくたるんだ筋肉組織を特徴とし，受動的な消化，無活動の受容性，環境の影響を無抵抗に受け取る生体であり，この年齢特有であると記述した（有害物への）感受性の欠如構造などを特徴としている。

　他方，身体諸部位に見られる構造的特徴は，優位な機能を表現している。植物的─自律神経系の優位性と運動神経系の未熟さは，手足よりも胴体が優位にあること，とりわけ胴体の中でも胸郭よりも腹部が優位であることによって明確に示される。

　膨張タイプにおいては，感覚受容器が環境の影響に対して大きく開かれている。とくに，眉が目から離れていて，眉と眉の間も離れており，目は，顔の表面にあってくぼんではいない。鼻は「反り返った」形を呈する。口は柔らかく半開きである。

■能動的拡張

　拡張は，ごく早期に，受動性から能動性へと変化する。この変化は，**弛緩した膨張タイプから力感のある膨張タイプへ**少しずつ移行していく体型に非常にはっきりと示される。後者の型は，次のような特色をもつ。すなわち，第1に，伸長する手足に比較して胴体の割合が低下していくことである（赤ん坊らしさがなくなること，図2）。第2に，筋肉組織が強さを増して緊張を高めていくことである。つまり，受動的拡張の無緊張の肉付きに代わって，力感のある肉付きが強まっていく。たとえば，顔のなかの消化関連部位では，咀嚼筋が盛り上がっていくのに伴って，下顎がより堅固で角張った肉付きになる。顎の先と下顎骨の角度はしゃくれたようになり，これらの特徴が顕著になればなるほど（というのは，子どもそれぞれで異なるため），その子どもは周囲からの

第Ⅰ部　相貌心理学からみた子どもの発達

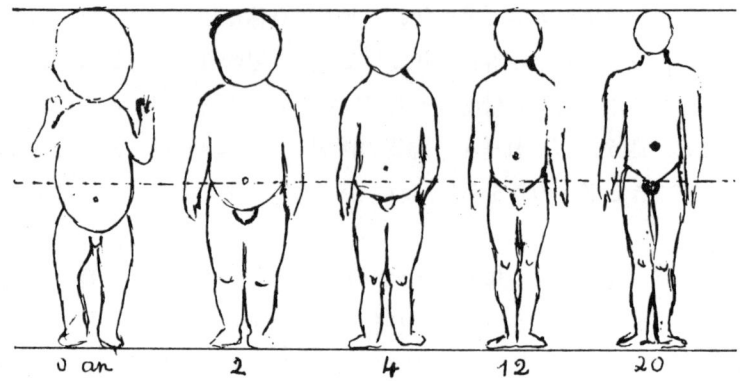

受動的拡張の栄養摂取期の後に能動的拡張の活動期が続く。この時期には，胴体に比べて手足の割合がしだいに大きくなる。その結果，身体の中央を水平に通る線が，誕生時にはへそのすぐ上にあるが，2歳でへそに移り，その後さらに下にさがり，男性の場合成長が終わるころには，ちょうど性器の付け根にある（女性の場合は，ふつう手足より胴部が優位になるのでもう少し上になる，図12参照）。

また，乳幼児の頭蓋の優位性（頭は身長の4分の1以上を占める）は，少しずつ減少し，図に見るように，成人期の頭は身長の7分の1ほどしかない。

図2　漸進的な分化

刺激に対して，口の攻撃性で反応する。つまり貪欲に食べたり，叫んだり，噛みついたりする（図3）。

感覚受容器のレベルの変化は非常に顕著である。これらもまた強くなる。丸みを帯びた筋肉は外的な刺激が与えられると，能動的に閉じるような閉鎖への筋緊張を獲得する。たとえば口の受容器では，受動期には血色が悪く柔らかい唇だったが，この段階ではばら色で固く，以前より強くしっかり閉じている。

他方，能動的筋緊張は休息しているときも働く。無力期には重みがかかると筋肉は弛緩してしまうのと対照的である。たとえば，受動期には，唇は睡眠時には半開きでいくらか垂れ気味であるが，逆に，能動期には，唇は閉じ，口角は水平の一直線になり，時には，両端が軽く上がってさえいる。

いうまでもないが，能動的筋緊張はまた，表情の活発さとなって表われる。たとえば，受動期には，目は不活発であり，ぼんやりした，夢見るような表情で，瞼は下がり気味であったが，能動期には，力感がみなぎり，生き生きとした輝きをもつ。

乳児では、ごく早期に次の段階の形態的特徴が示される。左では、肉付きと骨格および感覚受容器部位の表情に、すでに活動期の能動的緊張が見られる。反対に、右では、柔らかい肉付き（平らな部位が見られない丸い額、弛緩した鼻翼、後退した顎）は、受動的拡張が優位であることを示している。

図3　形態的特徴の予示

　皮膚の色合いは、受動期の青白い色から能動期にはばら色の肌色になる。これは古代の人たちによってリンパ液より血液が優位と見なされ、多血質という名称（付録参照）で呼ばれた気質に対応する、ということを強調しておく。

4．保守本能の介入と2つの本能の均衡

　ここまでは単純化のために、成長の過程がまるでただ拡張の本能のみに依存しているかのように説明してきた。しかし、それはあまりにも図式的な見方である。というのは、運動期になれば子どもの生活空間は拡大し、良いにせよ悪いにせよ、自然環境のあらゆる影響を子どもが受けるようになるからである。生命を危険にさらすかもしれないすべてのことに対して、生命を守るために保守の本能が介入することがただちに必要となる。次のような身近な例によって、この過程を十分に理解することができるだろう。おなかをすかせた赤ん坊が、熱いココアが入った容器に手を出しやけどをする。すると、当初の拡張運動と後退運動が入れ替わる。それと同時に、湯気の出ている容器の外見とやけどの痛さが条件づけられ、反射的行動が結合され、それ以後その赤ん坊は動作を一時停止しココアが少し冷めるまで飲みたいのをがまんするようになるだろう。幼い子どもはこのようにして、ショッキングな無数の小経験を蓄積し、そ

の経験が保守の本能によって用心する感受性を発達させるという結果を生むことになる。

　子どもは，そのようにして個人的な自由選択の中心核をつくりあげていくのだが，これは野放図な**拡張の段階**に由来する適応とはある程度まで対立した**個別性**の成立なのである。

　すでに述べたように，必要不可欠な**保護的な環境**で拡張をほしいままにしていた子どもは，こうして環境をえり好みする（**選択的環境**）ように変化する。子どもは環境のなかから好都合な影響，栄養となり得る影響のみを受け入れ，有害有毒と感じる影響を拒否し，選択するようになる。前記で「子どもが有害有毒と感じる」と述べたが，すべては主体的要因しだい，各個人に固有の感受性しだいなのである。生来の素質により，また，成長に伴う発達により，子どもは選択的環境を自らつくりあげていくのだが，一人ひとりの選択の広さには差がある。ある子どもたちは拒否するものはあまり多くなく，選択する環境が周囲の状況の大部分を含んでいる。他の子どもたちは拒否の範囲が広く，選択する環境は狭い。前者は適応の容易な子どもたちであり，後者は適応がむずかしい子どもたちである。

　このえり好みによって，子どもと環境の関係に個人差が生じる。子どもは，選択的環境では拡張のままにまかせて行動する。あるがままを受け入れ，同化し，その状況にしっくり溶け込む。逆に，選択的環境の外にある場合，子どもは状況の影響に対して自分を閉ざし，拒否する。すでに述べたように，こうすることによって子どもは**選択する個人**となり，非我（自分以外）である状況とはっきり区別された**自我**を獲得する。それ以後，子どもは活動と選択の主体になって，まわりの環境の諸要素を，あるものは近く同化できるものとして，他のものは遠く拒否すべきものとして配置する。たとえば，子どもは見知らぬ人を受け入れず微笑まないのに，母親をはじめ親しい人々なら受け入れ微笑みかける。

　選択への感受性は，個人を保護するものでり，それゆえに保守の本能に役立つものであることが理解される。たとえば，味覚が洗練され，よい栄養になるものと食べられないものを区別することができるようになる。初めて見るものだからというだけで，新しい食べ物をまったく受け入れようとしない子どもの

ように，時には行き過ぎも見られる。しかし，そのような態度を一概に悪いと判断することはできないだろう。というのは，その態度は時として正当な防衛的感覚の増大に対応することもあるからである。

　保守による拡張の抑制は健康上の均衡のために不可欠なものである。それは周囲の環境への適応の必要性と，その人の個別性の保持との間の妥協を図るものなのである。

　生命力はこれに依存している。実際，生命力という語には3つの異なる意味を与えることができる。第1の意味は，環境への広範な適応から成り立つ**拡張の生命力**で，成長を速め，環境との交流の増加に役立つ。豊富な活動の支えとなるが，病気の攻撃から身を守る役には立たない。

　第2の意味は，有害な作用に対する積極的な防御からなる**保守の生命力**である。それは，非常に選択的で，非常に緊密に保護された生活に結びつく。環境との交流の豊かさは欠けるが，その代わり長命で補われる。

　上の2つの意味を両立させる第3の意味は，**拡張と保守との間のほどよい均衡の結果としての生命力**で，それゆえに最適の生命力であると考えられる。それが，最良の成長と，最も実り多い活動性，最も長く持続する寿命を同時に保証するものとなる。

　選択的適応は拡張の力と保守の力の調和から生じるものであり，当然のことながら，一息(ひといき)に実現されるようなものと考えてはならない。それは乳児期に始まるが，成長期を通じ，またそれを越えてからもずっと続いていく。実際，それは多種多様な調整を必要とし，その調整の積み重ねによって，成年期の成熟へと少しずつ近づいていくのである。

5．局所拡張の顔立ち

　保守のためのさまざまな力が作用し始め，形態の上に客観化される過程こそが，とりもなおさず，クロード・シゴーが**縮小**（図4）という名前で特別に研究した過程である。

　この過程の一般性は絶対的なもので，自己の諸機能に好ましくない環境にいるとき，つまり環境との交流によって病気になるとか，生命が危険にさらされ

顔立ちが膨張（左）から縮小（右）へと移る経過の図解。中間のタイプ（中央）は、顔の前面の縮小、つまり、膨張と縮小の混合を示し、他の2つよりも適応についてより良好な、均衡を現わしている。

図4　縮小の発現および膨張との調和

るような場合には、植物であれ動物であれ、常にすべての生物において認められることである。

　生きた生命体は縮小によって環境の侵入に対して身を閉ざし、交流を拒否する後退の動きにより自分の殻に閉じ込もる。こうして、ある植物は、冬や寒さが来ると、その表面積を狭くし、葉を失い、枝や幹からその樹液を奥のほうへ後退させるため、外見からはまるで生命のないもののように見えさえする。拡張と縮小の対立は、異なった環境に植えられた木々においてよく理解される。たとえば、ランド地方の松は、太い高い幹をもち、成長が早いが、これは成長に有利な例外的な環境のおかげで生まれる**膨張タイプ**である。一方、ブルターニュ地方の松は、やせた土地で育ち、絶えず風に打たれて、小さいまま生育を妨げられる、曲がった**縮小タイプ**となる。

　同じことは動物界でもいえる。アメーバは、餌を見つけるために、擬足を環境のほうへ押し出す。しかし、もし環境が有毒であれば、アメーバはその擬足を引っ込めるのである。

　人間に生じる縮小の過程として、たとえば非常な寒さにさらされるとき（極地の探検家のような）顔に起こる変化を思い描いてみよう。皮膚は後退し、文字通り骨にくっついたように見えるであろう。

　こうして人間という生体もまた、その全体、もしくはどこか一部分において

何か有毒な影響にさらされるとき，そこから身を守るために，全体的に，または部分的に収縮する。すなわち，人間は縮こまり，肉付きは平たくなる。もしその過程が極度に強まればくぼみの形状をはっきり示す。拡張期の子どもに縮小が生じると，丸い肉付きのあちこちに平らな部位が生まれて**分化した形態が**生まれる。この経過が極端でないならば，丸い部位と平たい部位とが適度のカーブによって交替するような**波状の肉付き**のタイプとなる。また，その過程が強い場合，起伏の交替がギクシャクした，起伏─縮小の肉付きタイプになる。

　縮小は身体全体に影響を及ぼすため，成長の過程も変化する。ある場合には成長を抑制し，子どもは小さく虚弱となる。また，ある場合には身体を伸ばし，身体を平たくする。極端な場合は「骨ばった」やせの状態を引き起こすこともある。栄養豊かな生命が縮小に陥ることがあり，また，縮小タイプの人がしばしば胃や肝臓が不調になることなどはよく起こることである。昔の人は，この気質のタイプ（正確にいえば，力感的に見える形態）を胆汁質と名づけていたが，この名称は正当なものと見られる。同じ意味で，無力型で感受性に富んだ神経質な反応を示すタイプを，昔の人は**神経質**と呼んでいた（付録参照）。

　環境との交流を担っている感覚受容器にも縮小が生じ得る，ということは強調しておかなければならない。膨張タイプの受容器が環境に向かって大きく開かれていることはすでに述べたが，縮小は受容器群を多少とも閉ざしてしまう。こうして，目は眼窩のなかに落ち込む。鼻はまっすぐに立ち，そのため鼻孔の開きは小さくなる。口は閉じ，上下の唇はしっかりと締まり，唇が外見的には薄くなって見えるほど引っ込む。この点に関していえば，これがいわゆる**開放的な顔**と**閉鎖的な顔**という誰でも知っている対比であり，また，開放的な顔は周囲とのたやすい交流を，閉鎖的な顔はあらゆる交流の拒否を意味するというありふれた直観が，非常に正確にその意味を捉えていることに注意しておこう。

　縮小は，シゴーがそのことを明らかにしてくれたとおり，萎縮の過程ではない。一見そのように見えようとも，けっして消極的な萎縮なのではなく，生体の強い防衛反応なのであり，身体を有害な影響から守るために常に備えを怠らない感受性によるのである。したがって，強い縮小を特徴とする生体は，その虚弱そうな外観にもかかわらず，病気に対する大きな抵抗力を有し，長い寿命

を保つのである。

しかし、拡張を主とするはずの乳幼児期に非常に顕著な縮小が見られる場合、それはむしろ好ましくない兆候であることを強調しなければならない。それは、身体が非常に有害な環境とあまりにも早い時期から闘わねばならなかったということを示唆しており、この闘いのために生命力を費やし、内的傾向の発達と実現のために費やせる生命力が残されていなかったということを示唆しているのである。それゆえ、このような場合、生命の危険ではなくて、幼ないときにからだの不調が続発するということの結果として、やっかいな名残りをとどめることがあるかもしれないということを予想しなければならないのである。

ここでの議論を結ぶにあたり、顔立ちをめぐる相貌心理学が、縮小の経過にいくつかの段階（図5）を区別していることを示すのは適当なことであろう。理解を促すために、縮小の過程を成長する植物に対する太陽熱の作用にたとえてみよう。春の太陽は、樹液で満ちた植物に光を投げかけることで植物に**活力を与える**作用をする。夏に太陽光線がもっと強くなると、樹液の密度が増し、

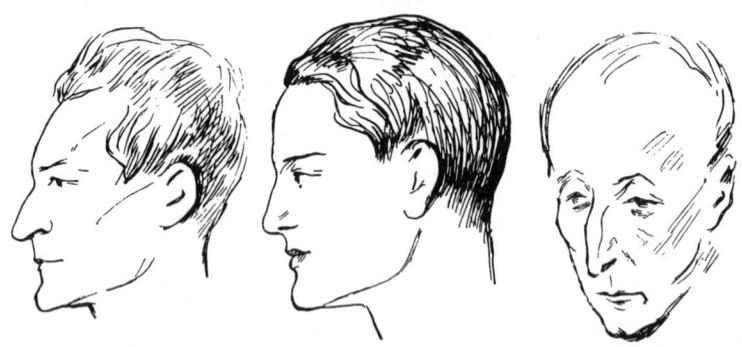

　生命力の拡張が順調なタイプに縮小が作用する第1段階の縮小（左）では、縮小は拡張を**活動**の方面に向かわせる効果をもつ。この活動化によって手足の筋肉はよく発達し、力感のある肉付きの原因になる。顔では、横顔の輪郭、とりわけ額が後に傾く。
　第2段階（中央）では、縮小を**内面化**の方向（外界よりも自己）に向かわせる。それは（顔の）前面が縮小するタイプであり、横顔の輪郭の垂直性と、感覚受容器が内側に格納され「保護された」位置にあるという特徴をもつ。
　第3段階の**乾燥化**（右）では、過度な縮小は拡張を最小化する。力感は乏しく、無気力で閉じた受容器をもつ長い顔になる。しばしば、図のように、頭脳部位の局所拡張がある。

図5　縮小の3つの様式

植物の成長は緩慢になる。これは縮小の第1段階に対応するものであり，私が**内面化する**と定義するものである。しかし，もし暑熱が，水分不足な植物にとってあまりに過度になると，植物は乾燥し自己防衛のため花も実も失い，拡張を最小限に抑えない限り生き残れなくなる。後章では，人間においても能動的拡張から顕著な縮小への移行段階として，**活力化，内面化，乾燥化**という3つの様式が観察されることを示す（p.165～166参照）。

　生体と環境の間の交流を阻止する縮小が非常に際立っていて栄養の供給が乏しくなり，子どもの成長や向上のために非常に有害になるかもしれないことがあり得る。しかしそういうことはまれな場合である。加えて，もう1つ重要な指摘をしておかねばならない。それはすでに述べたように，拡張が選択的環境という特別な領域でのみで持続することが最もよく起こるということである。全面的な**膨張タイプ**の子どもなら例示するのはたやすいのだが，全面的な**縮小タイプ**を例示するためには，あらゆる部位で欠陥のある異常な主体をモデルとしないわけにはいかないという困難に直面する。あとで出てくる図8の右の肖像に示すのは，**局所的な拡張ゾーンをもつ**（ここでは脳の領域）**縮小タイプ**である。**局所的な拡張のタイプ**は非常にたくさん出会うタイプで，この興味深いタイプについては後にいっそう深く考察しなければならない（p.170～172参照）。

第2章

膨張タイプ, 縮小タイプ, および中間タイプ

　私たちの知能は，現実を理解するために固定的な指標を見出すことを求める傾向がある。これまでの議論を踏まえて，ここで，**膨張タイプと縮小タイプ**を対比させることは興味深いことである。しかし，この図式的な対比は大部分恣意的なものにとどまるということを念頭に置いておこう。というのは，膨張タイプの顔立ちを特徴づける野放図な拡張優位タイプから，極度の縮小によって保守の力だけが優位に顕在化しているタイプまでの間には，無数の中間点があるからである。このことにより，**相貌心理学は1つの体系としてではなく，1つの方法として理解されねばならない**，ということを強調しなくてはならないことになる。それは，個々人に即して拡張と保守のそれぞれの程度を評定することができるようにするための，非常に柔軟な評価の方法なのである。

　それゆえ，もしこれ以後，**膨張タイプと縮小タイプ**という対比的用語で記述するとしても，それは教育的簡明さのためであり，拡張優位か保守優位かどちらかの**優位タイプ**として理解されなければならず，したがってそれら2つの間には一連の**中間的な**タイプが連なっているということを銘記しなければならない。そして，この移行過程を強調するアプローチとして，ここでは2つの対立する型のちょうど真ん中にある**膨張―縮小タイプ**といわれる人を記述するにとどめることとする。

1. 膨張タイプ（強い拡張優位）

　すでに述べたが，膨張タイプは成長の要求を最も充足した子どもであるということから，発育のよい正常な児童である。それがふつうであることは医学的統計にも示されている。つまり，幼児においては，（平均的な体重に比して）

少し重い体重のほうが健康の証なのである。一方，平均より明らかに体重が軽い場合は，早すぎる縮小の表現であり，その原因が産前あるいは産後の不都合な状態に帰し得る可能性がある，ということが医学的統計から推量されるのである。

　とはいえ，膨張は常によい兆候であるということにはならない。膨張が過度に及べば，非常な肥満を生み，受動的タイプにおいては青白い顔色と筋肉のたるみを伴うことになる。それは，感受性の欠如を表わすものであり，子どもを重い病気にかからせかねないものでもある。

　したがって，均衡のとれた健康のためには，早い時期に受動的拡張が能動的拡張に席を譲らなければならない。それは，身長に対して体重を減らし，筋肉によりよい緊張（ばら色の顔色，生き生きしたまなざし，活発な動作）を与えることである。

　膨張タイプの本能は強い。特に，彼らは拡張においてなんの慎みもなしに自己を表現するので，なおさらそのように見える。膨張タイプの子どもたちは大食で，官能的で，けんか好きで，怒りっぽく，楽しくはしゃぎ，あるがままの自己を表現し，社会的にはフェアプレイヤーである。逆らわれると怒り出し，あるいは泣き，叫び，殴り，噛みつくが，彼らはその怒りをすぐに忘れ，恨みをもち続けることがない。

　また彼らは，自分の身体や感情も恥じることはない。まったく恥ずかしがらずに裸にもなるが，体を洗うことは好まない。

　そして，人間でも動物でも，接触したり，愛撫したりするのが好きである。享楽的で，官能的であり，大人がくり返し厳しく禁じてもそのちょっとした遊びを，仲間たちとするのが好きである。

　彼らはひとりでいるのを好まず，社交を求める。つきあいの範囲は広く，他の大人と一緒に出かけたり，友だちと一緒に遊ぶために家族としばらくの間離れていても，ほとんど苦痛は感じない。

　力感のあるタイプの場合，多様な活動や遊びにためらいなく力を尽くす。疲れを知らないようにも見える。

　また，彼らはたやすく心を開く。人や物と直接の交流をかわし，それらに触ってみたり，味わったり，匂いを嗅いだりのが好きである。世界を認識するた

めに，理性より感覚に信頼を置く。実際，感覚派なのである。この意味で，**膨張タイプにおいて最も発達しているのは，直接接触の感覚**，つまり，触れるための手，味わうための口，匂いをかぐための鼻（他の言い方で彼らは**鼻がきく**といわれる）なのだということを強調しておこう。

　彼らの知能は，具体的で実用的である。すなわち，一方では，観念よりは物や事実にはるかに執着し，他方では，事物の役に立つ側面，実用性を重視する。たいていの場合，自然な自発性の導くに任せて，あまり深く考えようとはしない。すなわち，彼らには問題を深めるという傾向はほとんどない。特に事実，日付，言葉，実際的な概念についての記憶力がよい。

　これらの性質すべてによって，**膨張タイプは日常的な生活にはよく適応**する。彼らは，実際的センスや常識をもっている。

　開放的性質のため，学校の環境に感情的にも知的にもよく適応する。たやすく学び，特に，具体的な領域ではやすやすと学ぶ。あまり空想はしないし，ほとんど想像力をもたない。すべての事物をその有用性の面で評価し，そのことから，けっして一般的な観念にまで高まることはないし，美的な趣味をもつことも少ない。簡単にいうと，彼らは学校でよい成績を得るが，実はそれほど勉強に楽しみを感じているとはいえないであろう。

　膨張タイプの人々は，上述のように，たくさんの活動のエネルギー（能動的拡張状態のもの）をもっている。しかし一方では，自己管理に欠けている。開放的であり，衝動的であり，怒りっぽい。彼らにとっては，自制するより行動するほうが常にはるかにたやすいのである。

2．縮小タイプ（強い保守優位）

　まず，膨張タイプと対比するために，**極端な縮小タイプ**について述べよう。すでに述べたように，この縮小タイプは強度の防衛的感受性を顔立ちの上に示している。それは生まれつきで，遺伝的要素に依存していることが多い。そこで，生まれて間もないころから，この一般的な特徴によって縮小タイプだと認められる。その特徴とは，赤ん坊の身体の縮小，やせ，骨格の特別な薄さ（たとえば，手首に見つけられる。手首は，身体のなかでこの薄さを見つけ出すの

が最もたやすいところである）などである。別の場合もあって，この場合縮小は成長している間継続していて，重大な病因を与える環境に対する防衛反応として生じるように見える。たとえば，そのような反応は，重い病気の後に生じる。**膨張タイプ**の子どもが病気の症状から回復後，ほんの短い間に，身体が伸びて，やせこけて，縮小の方向に変化してしまうということもしばしばある。

すでに見たように，保守の諸力が作用し始めると，拡張にはブレーキがかかる。縮小タイプの人の本能は，それゆえ，**膨張タイプ**の人の本能より強くないように見える。「強くないように見える」というのは，それが本当にそうなのかは確認されていないからである。ただ，彼らはみな程度の差こそあれ，抑えられ，抑制されている。大食，感受性，攻撃性は，かなりの部分で抑制され，以前ほど野放図には現れなくなる。

膨張タイプの人の食物に向けるフラストレーション反応は，最も多いのが，食い意地が張ることであり，それは大食漢の反応である。反対に，**縮小タイプ**の人においては，フラストレーション反応は食べることの拒否となり，食欲がなくなることもしばしばある。同様に，清潔についてあまりにも厳しく教育された**膨張タイプ**の子どもたちは，括約筋の締まりなさの持続によって反応したり，もう怖がったりしてはいけない年齢なのに怖がったり，あらゆる機会に，汚い，荒々しいやり方でふるまったりする。その反対に，**縮小タイプ**の子供たちは，同じ条件でも，自制し，頑固な便秘（交換の拒否）を示す。そして，彼らの年齢にしては驚かされるほどの清潔好きという反応を示す。

縮小タイプは，**膨張タイプ**ほど官能的ではない。彼らは接触，愛撫をあまり好まない。自分から進んで抱き合うことはない。非常に早くから身体を恥ずかしがり，裸でいることを好まない。多くの人との楽しみより孤独な楽しみのほうを好む。

同じように，彼らの闘争心は，**膨張タイプ**の場合のような多少とも荒っぽい取っ組み合いになることはなく，しばしば抑制的である。**縮小タイプ**の子どもは殴るのを恐れ，また殴られるのを恐れ，通常は争うのを拒否する。

しかし，**縮小タイプ**の本能的生活が消えてしまうと思ってはならないだろう。断じてそうではない。それは地下でその道を追求し続ける。突然の爆発にしろ，回り道を通ってにしろ，必ずそれは現われる。したがって，縮小タイプ

の行動は，一般に，**膨張タイプ**の行動のようなフェアプレーの性質を示さない。自らのうちにある攻撃性と後退が入り混じって，自由に外部に表出せずに持続する。そのため見かけ上，気むずかしい性格と不機嫌さをもたらすことが多い。

　縮小タイプの感情生活は，活発な感受性を特色とする。この感受性は防衛的感受性である。**膨張タイプ**の感受性のように世界への開放ではなく，反対に，閉鎖である。したがって，子どもを自分の殻に閉じ込め，内面化すること（外部ではなく自己の内部に向かうこと）にいたらせる。時に内向性と呼ばれるのがこれである。

　このような感情生活は，他方で，**選択的親和性**をもつという特色となる。縮小タイプは，選択する人間である。**膨張タイプ**のように，なんでもかまわずパートナーとくつろいではいられない人間なのである。彼らの印象はしばしば冷たく，慎重で，よそよそしい。たやすく微笑んだりしない。自分に対する申し入れにただちに応えるということもない。

　彼らは，自分にとって親しみを感じる人々，一般的には，自分の家族や，何人かの選ばれた友達など，少数の人を自分のためにとっておく。

　縮小が非常に進むと，選択できる環境が非常に狭まり，子どもをその状態から引き出そうとする試みはすべて拒絶にあう。こうして，けっして母親のそばを離れようとしない小さい子が見られることになるが，それは，たとえば，幼稚園に入るときなどに，解決困難な問題を引き起こしかねないこととなる。

　また，**縮小タイプ**の子どもたちは，社会よりも孤独を好む。彼らは他人から隠れて行動しがちである。そして，自分の平穏さに執着する。彼らは，集団の遊びでは，気楽にしていることはできない。

　知能もまた，選択性という運命の星のもとにある。知能はすべてに対して開かれているわけではなく，あれこれ独自の領域に対する好みを示す。**膨張タイプ**とは逆に，**縮小タイプ**は，感覚に与えられたものにあまり信頼をおかない。彼らは手で触ったり，味をみたり，においを嗅いだりすることをあまり好まない。関心を引かれるのは，事実や具体的な考えよりもむしろ観念である。

　彼らはよく考えるが，そのことによって，単純な問題をすぐに解決するような率直な自発性に欠けることとなる。「好んで細かいところにこだわり」，完璧

への過度の配慮のためにしばしば実現不可能になる。しかし，必要であるときは，膨張タイプの人々よりずっと物事を深めることができる。

　彼らは，学校では大きな学習能力をもつというわけではなく，むしろ反対に，知能は堅苦しいものである。膨張タイプのように容易に記憶することができないし，記憶にしばしば「欠落」がある。実際，時々現実から気がそれて内的問題に集中していることがある。想像力はあるが，自分が考えたことを実現するのは困難である。というのは，実際的なセンスをあまりもっていないからである。

　行動のエネルギーは，**膨張タイプ**のエネルギーほどには大きくない。保守の本能の優位性は，生命の拡張には妨げになり，このことが，しばしば，有能さの顕著な低下を伴う無力の時期を生じさせる。

　反対に，彼らの自制力は大きい。自制するのが自然的な傾向なのである。話すことや叫ぶこと，泣くことなどを自制する。特に，悪に対して厳しいと言われるのはこのためである。衝動を統御しているが，それはしばしば過剰なまでになり，ついには禁止にまでいたってしまうと，問題が生じることになる。

3．膨張タイプと縮小タイプの相貌学的対比

■ 身体の対比

　膨張タイプの子どもの成長は早く容易である。むしろどっしりしていて，適当な身長で，やや肥満しているが，それは太っているという意味ではない。たしかに，皮下脂肪は発達しているが，広い胸郭，豊かな腹部，厚みのある骨と筋肉など，残りのすべての部分と同程度である。

　逆に，**縮小タイプ**の子どもの成長は困難である。小さくて細いままであるにせよ，背が伸びて大きな身長になるにせよ，身体は華奢で平たい。それは皮下に少ししか脂肪がないからだけではなく，生体の組織すべての部分が，縮小しながら成長していくため細く，平板で貧弱な胸郭，平らな腹部，華奢な骨と筋肉になるのである。

　図6は，子どもにおけるこれら2つの形態の対比を例示する。

　また，図58（後掲）は，私の『相貌学による気質の診断（*Le diagnostic du*

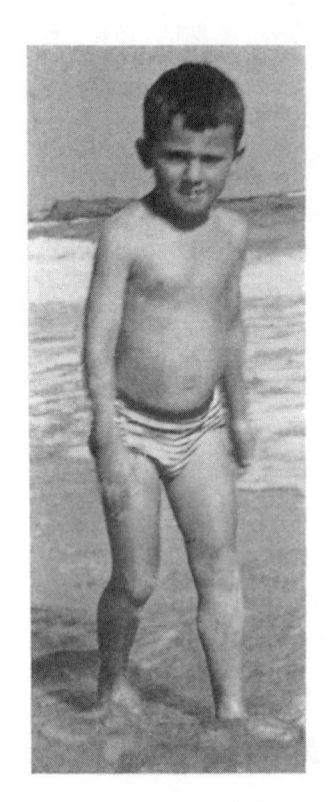

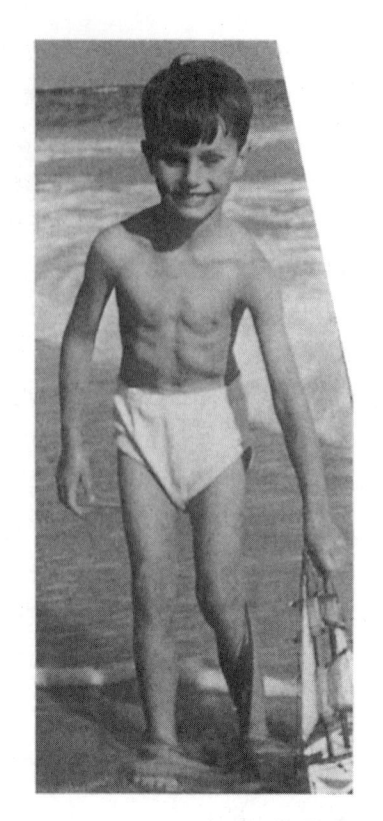

これは子どもにおける膨張タイプと縮小タイプの対比である。左は，幅のある体で筋肉はしっかりして力強い骨格と筋組織をもち，いくぶん肥満気味である。手足よりも胴体がいくらか優位にある。幅広の顔であるが，額にいくらか縮小の徴候が見える。
　右は，身体は長くてか細く，手足がやや優位にある。骨格と筋組織は華奢で，肥満はほとんどない。平たい肉付き。頭脳部位の優位からくる逆三角形の顔で下部がとがっている。

図6　身体の対比

tempèrament par la morphologie)』という著書からの引用であるが，これにより，成人において対立するこれらの顔立ちがどのようになるかについて，ある程度の理解が得られるであろう。そこには，リンパ質と神経質という2つの極端なタイプの間の移行が見られ，**多血質**（能動的拡張）と**胆汁質**（制限的拡張）がその間に並ぶ。

　図7は女性における対比を例示する。

　この図によってよくわかるように，膨張タイプは手足に比べてよく発達した

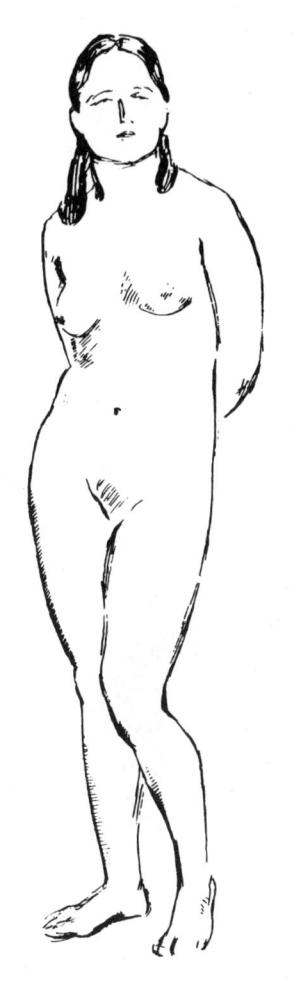

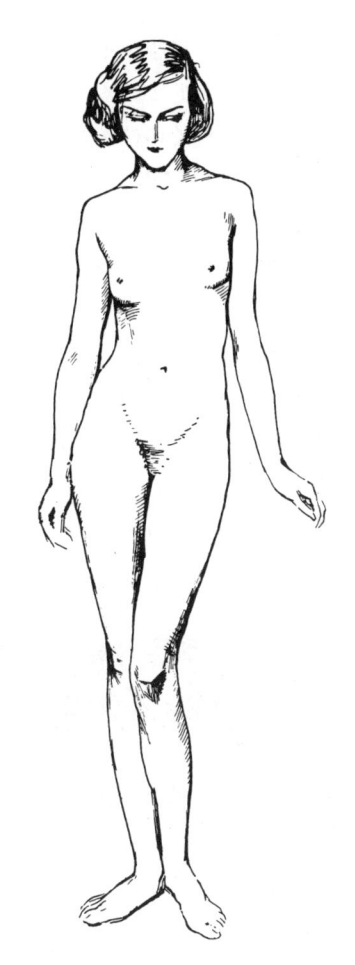

第2章 膨張タイプ,縮小タイプ,および中間タイプ

 対比のはっきりした2つのタイプが選ばれている。左は身長が低く全体的な膨張スタイル,胸郭と骨盤の豊かさ,どっしりした骨と筋肉,丸みを帯びた肉付きをつくる脂肪質の肥満である。顔は大きく,目立たないが下顎骨が優位であり太い首で身体とつながっている。
 右は,長身で,全体的な縮小スタイル,胴体に比して手足が長く,骨格と筋肉は華奢である。全般的に平たい肉付き,肥満はほとんど見つからない。顔はやや細長く,特に顔の下部で細く,額は比較的豊か(頭脳部位優位)である。顔は,長くてか細い首で身体につながっている。

図7　女性の身体の2つのタイプ

胴体をもつ。栄養生活の器官が内臓される胴体は，実際，機械のボイラーに相当し，エネルギーを与える。一方，手足は連接棒であり，全身を確実に移動させる役割を担う。**縮小タイプ**では，環境から食物の供給量が減少するため，機械は回転数を節約して動く。にもかかわらず，場合に応じて力を集中させることにより機械は動くのに必要なエネルギーを手足に与えることができる（**胆汁質**）。ある場合には故障があって，生体は無力症の反応を示すが，これはエネルギーの供給不足を補うために必要なことなのである（**神経質**）。いずれにせよ，縮小タイプの手足は長く，胴より長いことさえある。

■顔の対比

膨張タイプの顔は，丸いか（受動的拡張），あるいは，角が丸い幅広の長方形（能動的拡張）である。拡張は，実際，幅広の形を成長させ，筋肉を生き生きとさせ（肉付きのいい顔），すべての輪郭を丸くし（丸い肉付き），感覚受容器を環境の影響に向かって大きく開く（一般に開放的な顔と呼ばれる）。すな

膨張タイプと縮小タイプの顔立ちの対比である。左は，十分幅広く短い顔。平面部分のある丸い形。これは純粋な膨張タイプではないということに注意しなければならない。一方で，頭脳部位優位が見られ，他方で，感覚受容器に特別な繊細さが見受けられ，受容器は「保護されて」いるが，これは感受性と内省の特性である。

右では，顔は縮小によって長く細い。この肉付きは，少し凹凸をもつ平らである。また首がひょろ長いことに注目しよう。このようなケースで時々起こることだが，頭脳部位の補償的拡張があり，その結果，受容器の目は，同時に膨張する（目の大きさ）と同時にまた縮小される（くぼむ）。

記述にあいまいさがあるのは，単純なタイプはまれにしかない，ということを示している。

図8　顔立ちの対比

わち，目は両目の間隔が広く，顔の表面に位置していて大きく*，輝きを示し，両瞼の開きが広いのと眉毛が額の上にあがっていることによって，広く開かれている。鼻と口は前方に盛り上がり，そのために動物の鼻をミニチュアでスケッチしたような「鼻面」になる。鼻は長さよりは幅が目立ち，（上部が）へこんでいて，端で反り返り，鼻腔の開きは大きく，正面からでも見える。口は大きく，唇は薄く，十分柔らかく，微笑のときに半開きになって，歯が見えることもある（図8，左と図9，左）。

* 眼球は個人差なくほとんど誰でも同じ容量を持っている。そして大きい目や小さい目があるのは，まったく単純に，それらの眼窩への引っ込み具合による†。
† 日本人ではまぶたによる閉鎖具合がこれに対応すると考えられよう。

縮小タイプの顔は，幅が狭く，細く，角がとがっている。縮小は，実際に肉と筋組織と骨格を減退させ，平らな輪郭をつくる。他方で，感覚受容器を閉じ気味にする（閉鎖的な顔と呼ばれる）。すなわち，目と目は接近していて，眼窩の中にくぼみ，目は小さく見える。上下の瞼は接近する傾向があり，目をぴったり包んでいる。眉毛は下のほうにあって，時に目に陰を落とす。鼻は幅広さよりは長さが目立ち，骨ばっていて，肉付きがよくない。そして，鼻孔の開きは狭く，くっついていて，唇は相互にしっかり締まっていて，見かけ上の肉

「開放的な顔」と「閉鎖的な顔」は日常的にふつうにいわれている。この通俗的な直観は相貌心理学によって正当性が立証される。顔の「縁取り」が，**膨張タイプ**（幅広い）であれ，縮小タイプ（狭い）であれ，開放的表情は感覚受容器の開放によって与えられ，閉鎖的表情はそれらが閉じることによって与えられる。

図9　開放的な顔と閉鎖的な顔

付きもあまりよくない（図8，右と図9，右）。

　膨張タイプの額は球状の縁なし帽のように，正面から見るとまん丸のアーチ状，横顔ではコンパスで描くカーブのようである。反対に縮小タイプの額は狭く，やせこけたこめかみに縁取られ，上部では髪の生え際がさがってきて境界をつけ，時には真ん中では逆毛であったりする（図30参照）。肉付きは平らで，輪郭は角張っている（とりわけ額とこめかみの角度）。

　しかし，すでに述べたように，**縮小タイプ**に特定の部位で局所拡張が起こるということがよくある。その部位はしばしば脳部位である。そのとき，図8の右のように，本能ゾーンと感情ゾーンでは縮小を示して顔が細くなることと，想像力豊かな拡張を示唆する上部の額の豊かさ[†]との間の強い対比が観察される（「開放的な」顔と「閉鎖的な」顔の対比。すなわち図10，また，図14参

図10　閉鎖的な顔と開放的な顔の対比

照)。

† 第3章に詳述されるが，顔は上から順に頭脳ゾーン，感情ゾーン，本能ゾーンと三分され，額についても上から順に想像力ゾーン，論理判断力ゾーン，感覚データゾーンに三分される。

4．膨張―縮小の混合タイプ

　膨張優位タイプと縮小優位タイプの間には，**中間的タイプ**がある。この中間的タイプでは，拡張の力と保守の力とが調和している。極端に偏ったタイプでは均衡のある適応がむずかしいが，中間的タイプではそれが可能になる。

　昔の人たちは，すでに言及し図示した４つの気質型を記述して，ちょうど真ん中，つまり**多血質**と胆汁質の間に，機能と形態の理想的な調和を示しているタイプを位置づけ，これをカノン（正規型）と呼んでいた。

　子どもたちの大部分はこの中間的タイプの範囲に属している。その範囲は非常に広く，結果として，それらを一意に記述することは不可能である。ただ，縮小は乳幼児の丸い形とは区別され，概して次に述べるような２つのまったく異なる結果をもたらすということのみ指摘しておくことにする。

　第１は，縮小が微小なケースで，一様な丸いカーブの単調さを中断する平らな領域がそこかしこにある。シゴーにしたがって，私もこれを**波状肉付き**と呼ぶことにしている。

　第２は，縮小が非常に激しいケースで，拡張と縮小が起伏をなして交替し，衝突によるまぎれもないくぼみが生まれ，肉付きの凹凸が目立つ。これが**起伏―縮小の肉付き**である。

　波状肉付きのタイプの子どもたちの顔立ちは，柔らかいカーブのなかに軽い盛り上がりと軽くくぼみが規則的に交替することを特色とする（図11，左）。

　彼らは，１つの態度から別の態度へと移行するときに，幅広い選択可能性と大きな柔軟性をもっていて，これにより適応する。このタイプの性格には，度量の大きさがある。世界への開放性と自分固有の要求との妥協点を苦労なく見つける。自己抑制し，時には，衝動を抑えることもできる。怒りにかられることはめったにない。自分が望むことを常に知っていて，暴力なしにそこに到達

するという印象を与える。その知能は，選択的環境に対しては広く開かれている。センスがよく，自分に最もふさわしいものを選ぶことができる。直観と論理的精神，内省と率直さ，具体的概念と抽象的観念を調和させる。全体として，すべての事柄においてちょうど中庸の位置にある。

　起伏縮小タイプの子どもたちは，注意を引きつける顔をもっている。というのは，彼らの顔には，膨張した部位の隆起と縮小した部位のくぼみによってできるたくさんの凸凹があるからである（図11，右）。

　彼らの性格は，1つの極端から他の極端へ，開放的で拡張的な態度からまるで反対の閉鎖的態度へと移り，対立を抱えこんだ状態にある。彼らは非常に激しい感情をもつ。非常に情熱的に愛し，憎む。同意するか反対するかで，けっして妥協をしない。彼らと関係ある人々も，ある人々は彼らを愛し非常に魅力的だと思うが，他の人々は，彼らを嫌い耐えがたいと思う。彼らの知能は偏っていて，選択したある領域にだけ開かれているが，それ以外の領域には完全に閉ざされている。関心を引きつける問題には大きな集中力をもつことができるが，それ以外の事柄からはまったく気をそらせてしまう。学校の成績については，むらのある生徒となる。記憶は不規則で，ある領域では優れているが，感

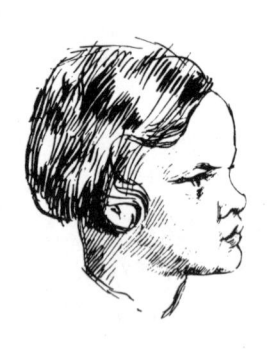

「前面縮小」は，内面化の縮小に対応する中程度の縮小のことであり，2つのタイプがある。
　1つは，典型的な波状の肉付きであり，膨張—縮小が交替するカーブが規則的な波型からなり，波が衝突することなく連なる。
　もう1つは起伏縮小の肉付きであり，カーブに衝突する部分があって，盛り上がりとくぼみから成っている。図右において見られるように，衝突部位は特に額と目のレベルに見られる。

　　　　図11　前面縮小，波状肉付きのタイプと起状—縮小肉付きのタイプ

情的偏向性のおかげで，重大な欠陥をもっている。

■補足

　前記で問題にした子どもの3つのタイプ，すなわち，**膨張タイプ**，**縮小タイプ**，中間的な**膨張─縮小タイプ**の対比例を，いくつかの状況の中で示してみよう。これは顔立ちの心理学による最初のアプローチとなる。

　母親の腕のなかにいるかわいい赤ん坊に母親の女友だちたちが見とれている。もし，その赤ん坊が**膨張タイプ**であるなら，広い開放性のため，見知らぬ人たちにすぐに微笑みかけ，友人たちが腕のなかに抱くことを受け入れる。もし**縮小タイプ**の赤ん坊ならば，自分を閉ざし，顔を訪問者たちからそらせ，訪問者たちは，赤ん坊から微笑みを受け取ることはないであろう。さらに，腕に抱こうとすると，赤ん坊は活発な防衛反応を示すだろう。もし，**中間的タイプ**の赤ん坊ならば，はじめのうち頭を母親のほうに近づけて接触を保ち，微笑まないで見知らぬ人たちを見つめている。そのうちに，訪問者たちの親しげな態度に誘われて，心を開き，微笑むようになる。こうして，まずは縮小タイプで，ついで膨張タイプで反応する。

　同じようにして，新学年の始まりを観察してみよう。男の子が，初めて学校へ連れていかれる。もし彼が**膨張タイプ**ならば，彼の社会性，友だちと遊びたいという欲求が，母親から離れるという軽い苦痛を乗り越えさせ，数分間で新しい生活に適応する。もしその子が**縮小タイプ**ならば，それは苦痛なしにはすまないだろう。というのは，新しい環境はその子を恐れさせるため，彼は母親から離れようとしない。ほかの子たちの騒々しい遊びの仲間にあえて加わろうともしない。校庭のすみで，黙って，あるいは密かにひとりで涙を流している。そして，授業時間中ずっと何も言わず，参加もせず，家へのノスタルジーを抱いて夢みながら，自分のなかに閉じ込もる。もしその子が**膨張─縮小タイプ**ならば，おそらく初めて母親から離れることになって少し青ざめているだろう。はじめは他の子どもたちから離れている。しかし，他の子どもたちを見て観察しながら勉強する。そして，しばらくすると，選んだ何人かの仲間とつながりをもち，彼らの遊びに加わっているのがわかるだろう。授業中，**膨張─縮小タイプ**の子どもは，**膨張タイプ**の子どものようにたやすく仲間に加われな

い。しかし，注意を向け，少しずつ適応し，起こっていることに関心をもつのである。

5．混合タイプの顔立ち

　身体については，混合タイプは膨張と縮小のちょうど真ん中にある（付録図58のギリシャ類型論の均衡型—カノンはその理想的な姿を示している）。胴体の発達と手足の発達の間には均衡がある。身体のあらゆる部分の肉付きは，それがあるいは波状型，あるいは起伏縮小型というような曲がりくねったカーブを示していることにおいて，明らかに膨張と縮小の相互補完を示している。第1のタイプは女性によく見られ，第2のタイプは男性によく現われる（図12）。
　しかし，これら2つのタイプの区別はとりわけ顔にはっきり現われるものである。
　第1のタイプ（波状型）は，衝突するほどでない規則的な曲がりくねったカーブを示すが，これは顔の表情に柔らかい印象を生み出す。縮小によって感覚受容器の開き方に低下がもたらされ，そのため膨張と縮小という両極の中間的な顔立ちになる。そして，**格納型受容器**（図13，左と図14，中央）と呼ぶ状態が生じる。
　この縮小は，特に横顔で見るとはっきりわかる。というのは，それは，**前面縮小**と呼ぶかたちを生み，直立的な横顔の線（海の波面とか，軍隊の前線とか，あるいは三者並列行進のように一直線という意味での前面の縮小）をもたらすからである（図28参照）。
　第2のタイプ（起伏縮小型）は，**起伏的な縮小のある肉付き**で，膨張した部位と縮小した部位の間に非常に強い対立があることを特徴とする。それは，顔の表情に非常に際立った立体感を与える。こうして，頭脳ゾーンのレベルでは，両目が大きく離れて，よく開かれ（膨張）ているが，眼窩のなかに深く落ち込んでいる（縮小）。額は目立つ凸凹があり，起伏が多く，時には，額が前に張り出している。中段のゾーンでは，鼻および鼻脇側方部位の前面縮小（鼻脇の頬部がへこむこと）と，頬の大きな出っ張り（膨張）との間に印象深い対立がある。下段ゾーンでは，下顎が角張っており，顎先は非常に前方に張り出

第2章　膨張タイプ，縮小タイプ，および中間タイプ

　最も典型的なあり方で性による対照が例示されている。女性は，マイヨールのポモナに基づき，男性はロダンの青銅時代にならってデッサンされている。
　注目される点：1）女性における胴体の優位，男性における手足の優位。2）女性の丸みのある肉付き，男性の起伏縮小のある肉付き。
　この対立は図式的なものであり，現実には，女性的な体格特徴をもつ男性もあり，女性にも両性性の体格があり，非常に多くの型がある。

図12　両性の対照

膨張—縮小タイプの混合したタイプは，最もよい均衡を実現し，最も良好な適応の可能性を実現している人々である。
　ある顔を目の前にしたら，膨張と縮小のそれぞれの程度を評価しなければならない。これら２つの肖像では，均衡が実現され，左では，やや縮小に寄り，右ではやや膨張に寄っている。

図13　膨張と縮小の混合タイプ

　膨張—拡張は，一連の徴候のなかに受容器の開放（左）という特徴をもつ。受容器が開いていることは環境との交流を示す。反対に，縮小—保守は交流のむずかしさを表わす受容器の閉鎖（右）を特徴とし，これは厳しく環境をえり好みすることを示している。「保護された受容器」と名づける中間的な構造（中央）は，前面縮小の肉付きを伴うゆるやかな縮小をもち，環境の選択性の交流の幅が広いことを示す。

図14　受容器の対比

しているのに対して，口はしばしば上下の唇をしっかり締めて（縮小）いて，その閉鎖と大きい横幅（膨張）との対立を示す。

　縮小の経過は一般に年齢とともに強まるが，最もはっきりした徴候が観察されるのは成人期においてであることを指摘しておこう。起伏縮小型の肉付きを子どもがもつということはそう頻繁にあることではない。もしこのことが子どもに見られたなら，その子どもがやがて善悪いずれにせよ独創的なパーソナリティに育つことを予言してもよさそうである。

第3章

局所拡張のタイプ

　大多数の個人は膨張や縮小の極端なタイプではなく，中間的なタイプに属している。このタイプは，拡張の力と保守の力の作用が交替することによって，極端なタイプより適応が良好になるものである。

　すでに，これら**膨張―縮小タイプ**によくある2つのタイプを区別するところまで述べ，**波状の肉付き**，あるいは**起伏―縮小の肉付き**のタイプとしてその特徴を表わした。またこれらにおいては，膨張した部位と縮小した部位の交替が顔のどの部位でもおよそ等しい程度で出現し得ることも示した。

　部位ごとの凹凸の分布が規則的でなく，顔のある部位では拡張して成長し，他の部位では縮小するというような場合は，上述のケースと逆である。これは**局所拡張のタイプ**なのである。このような場合，最も強い膨張を示す部位により，主体が好んで選択する環境もそれに対応して変化することになる。

　シゴーは古い相貌学の図式を再び俎上にのせたが，私にとってもそれは，顔の拡張ゾーンの特定がどの心理学的領域に関連しているかを決定するために貴重なガイドとなる。シゴーは，顔全体を3段の層に分けている。すなわち，下方ゾーンは下顎骨と口腔であり，栄養摂取という生命の器官の入口で腹部へとつながっている。中央ゾーンは鼻と頬の部分，呼吸器官の入口で咽喉につながっている。上方ゾーンは額と目で，脳器官へとつながっている。心理学的な面をいえば，下方ゾーンは本能ゾーン，中央ゾーンは感情ゾーン，上方ゾーンは頭脳ゾーンに対応することとなる。

　これらのゾーンがそれぞれ特定の知覚受容器に対応しているということ，また，これらのうちのどれか1つに優位な拡張が見られる場合，そこに配置されている受容器は環境との交流において特別な役割をもつということに注意しなければならない。本能ゾーンは，口という受容器と味覚とに関係する。感情ゾ

ーンの主たる感覚は嗅覚である。後に述べるが，これらの2つのゾーンで同時に拡張が生じることもよくある。このタイプは，動物を思い起こさせる「鼻面」といわれる相貌学的な傾向を呈することになり，味覚と嗅覚という2つの**直接接触の感覚**が視覚と聴覚より優位なものとなる。また，次のことにも注目しよう。頭脳ゾーンの主要な感覚は視覚と聴覚という**遠受容感覚**であり，この場合，遠環境との距離をおいたコミュニケーションができる（この重要な点には後にもう一度立ちもどる）。

　これら3つのゾーンのうちの1つが，他の2つに比べて相対的サイズが（広さ，高さ，深さにおいて）大きく拡張している場合，次のようなことが推測される。すなわち，生命力は，そのゾーンに対応する心理的な領域のなかで最も自由活発に発揮される。また，環境との交流が最も容易に，また最も豊かに行なわれるのもその領域である。したがって，その領域において主体はその最も優れた素質を実現し，最も多くの喜びをもって働くことができ，それゆえに職業選択に際してもしばしばこうしたことが影響し得るということである。

　例として，**恋愛関係**を取り上げよう。本能ゾーン拡張のタイプの恋愛は，身体的感受性を基礎にしていて肉体の結合においてしか満足しない。感情ゾーン拡張のタイプでは，感情が主で，優しさや，一緒にいて愛の一致に生きる喜びを中心とする。頭脳ゾーン拡張のタイプでは，ロマンティックな想像の要素や冷たい理性が感情や本能よりも優先される。逆に顔の3つのゾーンに均衡がある場合は，本能的生活と感情的生活と知的生活が3つとも同等に協応する。そしてたとえば，愛情の関係においては，身体的欲求と優しい愛情と共通の精神的関心が結びつくことになる。

　同様に，世界の理解の仕方にも偏りがあり，それも**支配的なゾーン**によって**規定される**のである。本能拡張のタイプでは，思考は常に物質的有用性と事物の経験的知識に向かう。感情拡張のタイプでは，思考は，とりわけ感情によって支配され，すべての価値判断に感情が影響を与える。頭脳拡張のタイプでは，思考は感情的，本能的要求から解放され，時には過剰なまでの解放により，純粋な瞑想に陥ることすらある。

　ここで，縮小という概念は新しく，しかも非常に貴重な情報要素をもたらすということを強調しておく。局所拡張のタイプにおいて意味があるのは拡張ゾ

ーンのみであり，縮小ゾーンにはたいした価値も効果もなくその役割は無視されてよいのではないかと考えるならば，経験上それは正しくないのである。結局，縮小ゾーンは適応が困難な心理機能に対応するゾーンであり，過敏性と選択性のゾーンなのである。選択的環境にありさえすれば，これらの縮小のゾーンも拡張ゾーンのように機能するのである。一方，親密性の欠けた環境においては，縮小ゾーンの拡張力は表面化できず抑圧され，転移することになる。すなわち，ここで使用されず余ったエネルギーは，最大の拡張ゾーンにふり向けられる。したがって拡張ゾーンは生命力の大部分を引きつけてしまう。その結果，拡張ゾーンは疲労に対して最大の抵抗力をもち，適応への最大の努力を担うということになる。一方，縮小の部位は最も傷つきやすく，環境の有害な影響に最も敏感で，しばしば抑制反応に陥るゾーンなのである。たとえば，恋愛関係において，感情ゾーン拡張のタイプは，とりわけ感情に執着する。そして感情が満たされる恋愛相手に出会えば，思想の一致や官能的な魅力の点でも同じようにその相手と結びつくことができるだろう。反対に，恋愛相手によりひどく不快になるような状況に置かれると，その相手との不調和に苦しんで，思想の交流も価値のある官能的一致も不可能になる。

■ 均衡と分化

　顔の3つのゾーンに不調和がないというタイプが相貌心理学的には良好な適応を予測させるのだが，それと同様に，心理的生活のさまざまな領域が調和する場合にパーソナリティの均衡は最も困難なく実現される。とはいえ，この均衡の完全さの程度によって個人の価値が常に決定される，と結論するわけにはいかない。むしろ反対に，選択的領域における強い優位性が，生命力の大部分を1つの特定の領域に集中することによってかえって好都合になる，ということもあり得るのである。

　ここで，非常に大きな重要性をもつ留保をつけなくてはならない。それは，あるパーソナリティが有能であるためには，1つのゾーンの優位性に節度があって，隣接するゾーンを壊すにはいたらないことが必要だということである。たとえば，次の3つの肖像を考察してみよう。それらは，優位性が偏りすぎるため，マンガのようである（図15）。大きな額の持ち主が高い知能を有すると

第3章　局所拡張のタイプ

　局所拡張タイプは，いつも，顔の非対称を強調してマンガのように描かれる傾向があった。ここに示される3つのタイプはその例である。左は本能ゾーン拡張タイプ，中央は感情ゾーン拡張タイプ，右は頭脳ゾーン拡張タイプである。
　相貌心理学においては，「大きなボリューム」には用心しなくてはならない。というのは，支配力が強すぎると，パーソナリティを豊かにするどころではなく，まったく反対に，不均衡をもたらす。ちなみに，「非常に大きな額」についての常識には誤りがある。

図15　マンガ化された拡張タイプ

いうのはよくいわれることであるが，もし優位ということをこのように単純にゾーンの絶対的な大きさのみで評価するとしたら，それは重大な過ちを犯すことになるだろう。相貌心理学の方法においては，計量生物学が介入する余地はまったくない。つまり，長さとか体積の大きさはここでは何の役にも立たない。というのは，評価すべきは，量的要素ではなく質的要素であり，絶対的大きさより相対的大きさ，言い換えれば，比例の関係を優先しなくてはならないからである。感情ゾーン拡張のタイプを，両頬間の絶対距離によって決定することはできない。そうではなくて，この距離が，さらに上方——あるいは下方にある両側頭骨間の距離——あるいは下顎の直径より優位にあるかどうかによって，初めて判断されるのである。
　もう1つ本質的な概念がある。それは形態的な分化という概念である。優位性の評価は各部分の体積によるのではないだけではなく，加えて，肉付き具合を考慮しなければならない。これについてはすでに，受動的拡張が丸い肉付きと無力症のような表情であり，能動的拡張は丸い肉付きに平たい部位が加わり，しかも力感のある表情をもつものであり，制限的拡張は波状の肉付きあるいは起伏縮小の肉付きであるという区別を紹介した。拡張している部位の心理

これら6つの肖像は、マンガ的にならない拡張の諸タイプである。優位性は前に述べた諸タイプほど極端でなく、目立たない。しかし、右下の若い女性の場合は、例外的としなければならない。この女性においては、顔のほかの部分に比して額があまりにも豊かであることが均衡に難点をもたらしている。

図16　調和のとれた拡張のタイプ

学的意味づけは、ケースによって異なってくるはずである。特に、額を研究する際には、こうした区別の重要性が顕著となる。

　均衡と分化についてのこれらの概念を基にして、以下に局所拡張の諸タイプの様相を研究してみよう（図16）。

1. 単純拡張のタイプ

本能ゾーン拡張のタイプ

顔の下部ゾーンが優位で、本能生活が優位になるという特徴を有する（図

幅広い（場合によっては高さもある）下顎骨を中心として本能ゾーン拡張の優位性を示す。肉付きが力強くて口が大きく横に広いケースでは、本能が追求され現実化されるとともに、その一部のエネルギーが本能以外の実践的活動に変換される（左）。肉付きが起伏縮小のタイプに類して、口がしっかり閉じられているケースでは、本能の拡張が充分に統制され、選択的状況でしか現れない（右）。

図17　本能ゾーン拡張のタイプ

17）。

　相貌学的には、頭脳ゾーンの下部を輪切りにすると円錐の底部のようになる。水平な視線で見ると、頭部は前面でも横顔でも台形状である。ただし、すでに述べように、「体積」の評価だけに限定してはならない。計量生物学的な尺度は、ここでは何の役にも立たない。肉付きの分化の度合いと表情とを注意深く見なければならない。それにより、次のことが区別される。

受動的拡張　丸い肉付きと柔らかい線、厚い柔らかい唇、衰弱傾向のある無力な表情が特徴である。

能動的拡張　やはり丸いが引き締まった肉付き、厚くて血色がよく両端が上がった唇、力感のある表情が特徴である（図17、左）。

制限的拡張　波状あるいは起伏型の縮小タイプの肉付き、大きな口、厚いがしっかりと締まった唇が特徴である（図17、右）。

　心理学的には、これらのタイプは本能的生活への大きな欲求を有し、物質的実在の世界にしっかりと定着していることを特徴とする。本能の比重は、感情や知能より高い。

　受動的タイプにおいては、本能は、食べ物への飽くなき欲望というかたちをとる栄養摂取の本能である。また、性的本能は愛撫の要求というかたちをと

る。
　能動的タイプにおいては，同じ本能ではあっても，能動的な征服への欲求を伴う。活動性の本能，自分の手で仕事を成し遂げたい欲求も顕著になる。
　制限的タイプでは，本能を野放図に追求する力の多くの部分が統制され，仕事を達成することのほうへふり向けられる。
　本能ゾーン拡張のタイプの感情生活は，比較的限られている。人や事物が注意を引くのは，それらが有用という価値をもつことによってである。優しさなどの感情はあまり問題にならない。いずれにせよ，感情生活の縮小は交流関係を制限することになり，友だちや家族のような常に制約された人のグループとの関係しか営めない。
　知能は凡庸で，興味の向く分野も限られた広さしかもたない。支配的なのはあくまで本能であって，思考ではない。このことにより，彼らは実行できるときにのみ理解できて，書物から得るような知識はあまり好まない。伝統的な学校教育のシステムにおいてはあまり能力がないと思われがちだが，活動技能や，手先の器用さで優れた素質を示す。要するに，このタイプの知能はひたすら実践的なのである。習得された少数の概念に専念し，新しい概念に対する柔軟さには欠けていて，ルーチン・ワーク向きである，ということを付け加えておかなければならない。

■感情ゾーン拡張のタイプ

　彼らは，顔の中央部位の優位と感情生活の優位によって特徴づけられる（図18）。
　相貌学的には，正面から見ると，その最大の直径が頬骨のレベルにあり，そのため外枠がひし形になる。横顔では，大きな鼻が盛り上がり，その結果，角張った横顔になる。額の線が多少とも強く後方に傾き，同じく顎の線も後退する。ここでもまた，肉付きによって区別しなければならない。
受動的拡張　丸い肉付き，ふっくらした頬，鼻はぽってりしていて反り返り，鼻翼があまり動かないのを特徴とする（図18，左）。
能動的拡張　同じように丸い肉付きだが，平たい部位があり，鼻はまっすぐであるか，ややわし鼻で，鼻翼が震えるという特徴をもつ（図18，右）。

感情ゾーン拡張のタイプは，頬骨のレベルの水平直径が相対的に大きいこと，あるいは鼻が目立つこと，あるいは両方が同時に満たされることを特徴とする。

鼻が膨張して開いており，頬骨が頬の柔らかい丸みのなかに包まれているケースでは，拡張は受動的であり，感情は表出より受容に傾く（左）。肉付きが引き締まっているケースでは，拡張は能動的であり，感情は受け取るのと同じ度合いで表出される（右）。

図18　感情ゾーン拡張のタイプ

制限的拡張　波状の肉付き，あるいは，頬に際立った盛り上がりを与える起伏縮小のある肉付きで，鼻はわし鼻か鉤鼻という特徴をもつ。

　すべての場合，鼻翼の動きの程度に注意しなければならない。というのも，鼻翼の動きは，部分の体積よりもむしろ感情的な拡張のダイナミズムを推測させるものだからである。動きを示すことのない鼻孔をもつ大きな鼻は，鼻翼の動く小さな鼻より，感情的な活力が少ないことを示す。

　心理学的には，これらのタイプは生活において最重要なことが感情であるという特徴を有する。感情的な交流をもつことへの絶えざる欲求があり，したがって，人の存在と社会的な交流への欲求をもつ。他者が彼らに影響を与えるのもまた感情を介してである。

　受動的タイプでは，感情生活は，優しさ，愛されたい欲求，他者を受け入れたいという欲求から成り立っている。この構造を最も顕著にもつのが乳児にほかならない（図1参照）。

　能動的タイプでは，感情的感受性の拡張がより活発で，出来事への感情的反応がより強い。活力に満ちた衝動的情熱家である。こうした性格特性はすぐ表面に現われる。

制限的タイプでは，同じように感情的な活力が表面化するのは選択的環境においてのみである。これ以外では，情熱，感情は抑えられ，支配され，内部で統制される。これにより大きな持続力が保障されることになる。
　縮小状態にある2つのゾーン（頭脳，本能）は，性格にあまり影響力をもたない。本能生活は大部分抑えられ，このタイプの人は，愛情の関係においては，肉感的な要求よりは感情的結びつきへの欲求をもつ。
　知能は，感情的拡張により，そこから特別な活力を受け取ることができる。しかしそこでの導き手は，観念ではなくやはり感情なのである。このタイプにおいては，通常，冷静な理性よりも情熱のほうが重要な役割を果たす。

頭脳ゾーン拡張のタイプ

　このタイプは頭脳ゾーン（頭蓋骨と額と眼）の優位性と，それに平行した思考生活の優位性（図19）を特徴とする。
　この構造は人類に固有のものであり，脳の発達は人間と高等動物の間の最も明瞭な相違点である。幼い子どもを高等動物の子どもと比較してみれば，この優位性はすでに幼児においても顕著であることがわかる。
　しかし，人類ならみな同じというわけではなく，子どもどうしでも大きな差異が認められる。この差異は，拡張タイプを3つに分けることの妥当性を示すものである。
　相貌学的には，頭脳ゾーン拡張のタイプは顔の上部，すなわち，頭蓋骨と額と目の受容器の広さによって識別する。しかし，ここでは「大きな体積」という計量生物学的な試みをしないように特に気をつけなければならない。ある偉人の肖像を再現して，伝記作者たちが，「この肖像の大きな額は高い知能を示している」と書くことはまれではない。また，多くの風刺画家が，有名人の顔を並外れて大きな額で様式化することも頻繁に行なわれる。
　しかし力説しておきたいのだが，知能が額の大きさに比例しているというのは真実ではない。ここでは，量的領域ではなく，質の領域を問うのであり，この質という要請は，「大きな額は，それが調和よく分化されているのでなければ，大きな知能を指し示すわけではない」と，公式化することができよう。
　二重の調和。一方で，すでに述べたように，頭脳ゾーンが優位であることに

第3章 局所拡張のタイプ

知能評価における大きな額の重要性は，その肉付きと目の表情により非常に異なる。
　肉付きが丸く，分化しておらず，目の表情が無力なとき（左上），それは受動性，感受性，想像力を意味するが，観念は漠然としていて，現実化の可能性はほとんどない。肉付きが分化し，特に，こめかみの平らな部分と額とに分化の徴候があり，目が力強い表情をしているケースでは，現実化できる能動的な知能を意味する（右上）。肉付きが縮小してくぼみができ，保護された目が思慮深い表情をもっているとき，それは，抑制と内省を意味する（下）。

図19　頭脳ゾーン拡張のタイプ

より他の2つのゾーンが圧倒されたり，無に帰せしめられたりしてはならず，各々の部位がそれら固有の要素として1つの全体に統合されるのでなければならない。つまり，思考は感情生活によって豊かにされ，具体的現実に基づく本能生活によって支えられるのでなければならないのである。

　他方で，額は膨張と縮小の交替する肉付きによって分化されねばならない。これについてはすでに**膨張―縮小タイプ**を記述する際に示したところであり，また，以下においてもあらためて強調するつもりである。

受動的拡張　一様に丸い額をもち，球形の目と無力な表情をし，眉は，目から離れた丸いアーチ型で，互いに離れている。これは選択性のない受容器の徴候である（図19, 左上）。

能動的拡張　平たい部位をまじえた丸みを帯びた額である。受動的拡張より広さにおいては劣るが，より引き締まった肉付きを与える。この分化はとりわけ平らなこめかみによって見て取れる。目は球形だが受動的拡張ほど顕著ではなく，その表情はより力強い（図19, 右上）。

制限的拡張　よく分化された額をもつ。正面から見ると，それらはふつう，重なった2つのゾーンに分けられる。すなわち，下の部位はくぼんだこめかみで縁取られているのが特徴である。上の部位は，広く丸いドーム型である。横顔で見ると，額の縮小につきものである3つのゾーンの分化が特徴的である。つまり，下から上へ順に示せば，まず眉の隆起の上までのゾーン，真ん中のくぼんだゾーン，最上部の広い丸みをもったゾーンである。ここでは，波状の肉付きと起伏縮小の肉付きを区別することが大切である。というのは，この2つのタイプは，以下に述べるように，心理学的に異なった意味づけをもつからである（図19, 下）。

　心理学的には，頭脳ゾーン拡張のタイプは生活のなかで思考が重要な役割を担うということを特徴とする。このタイプを支配するのは本能でも感情でもなく理性と想像力である。

　受動的タイプの知能は，外界から受け取る印象と，受け取られたままに記憶にたくわえられている印象を，あるがままに半ば無意識的に同化する。これは，幼い子どもがイメージや音や言葉をあるがまま平易に記憶にとどめることに対応している。なんら批判的変換も，内省も，抽象的観念をつくりあげることもない。しかしながら，こうした大きな丸い額は時として音楽や数学への特別な才能のもととなり，後になって無意識の仕事や作品を生み出すことがあり得る。

　能動的タイプでは，上記の受容性に，具体的な事柄の世界への適応活動が付け加わる。この活動により，実践的な領域に適した柔軟性のある知能が生じることになる。

　制限的タイプでは，知能が真の思考というべきものに近づく。内省し，計算

し，組織し，予見する。額の分化具合によって，3つの能力の可能性が分かれる。まず眉の隆起と分化したこめかみをもつ下のゾーンは，具体的な適応と仕事の現実化の能力に対応する。中間のゾーンは眉瘤の上に位置する際立ったくぼみにあたり，内省の能力と，問題にかかわるデータについての鋭敏な自覚に対応する。頭脳ゾーン拡張のタイプでは最上部のゾーンは非常に広いはずであるが，この部位は想像力と創造的な資質に対応する。

さらにいえば，額の下方2つのゾーンは意識的活動に対応する。一方，上のゾーンは無意識的活動に対応している。

2．二重拡張のタイプ

上では，単一ゾーンに局所的な拡張をもつパーソナリティの諸タイプを記述した。

ところで，次に示すように，2つのゾーンに局所的な拡張をもつタイプも非常にしばしば観察される。

・本能―感情タイプ
・感情―頭脳タイプ
・本能―頭脳タイプ

■本能―感情タイプ

相貌学的には，この二重優位性は，下部の2つのゾーンの拡張を特徴として，ともすれば動物の顔を思い出させる「鼻面」を呈し，額は比較的縮小して後方に傾く。ここでついでに指摘しておけば，本能―感情優位タイプと動物の心的生活について知られていることとの対応関係からして，相貌心理学的な方法は，動物にもまた適用可能なのである（図20）。

心理学的には，このタイプの基本的な特徴は，本能的―感情的生活に重みがあり，思考の役割が遅延的なことである。下方2つのゾーンが拡張し，頭脳ゾーンが縮小しているが，この対照が大きくなればなるほど，動物の心性に近づき，行動の中で理性的制御が果たす役割が乏しくなり，抑止力のない本能的―感情的支配によって感情と欲望とに衝動的に従う主体になると判断され得る。

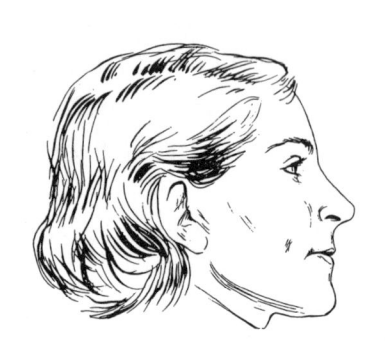

第 I 部　相貌心理学からみた子どもの発達

本能─感情タイプは，特に女性で非常に多い。
　横顔の像（左）は下方 2 つのゾーンで「鼻面」状の盛り上がりを示す。
　左の顔は非常に強い力感ある縮小の特徴があるが，右は膨張タイプの顔立ちである。また，右のもう 1 つの特徴は，頭蓋の大きな成長ぶりである。左では，知能ゾーンが本能─感情ゾーンの優位のもとにあり，反対に右では，感情ゾーンが優位ではあるが，思考と感情ゾーンとの間にほどよい均衡がある。

図20　本能─感情タイプ

　ここでもまた相貌学から性格について推論するに際しては，調和と均衡の概念が最も重視されねばならない。額ゾーンが縮小し下方 2 つのゾーンに従属的ではあっても，額がある広さを有し思考活動が示唆される度合いが高ければ，本能的傾向も感情もより原始性と動物性を脱し，より社会化された仕方で表出されることになる。

■感情─頭脳タイプ

　この二重優位もまた，上述に劣らずよく見かけられる。このタイプをめぐっては，ユングの意見を取り上げ，これに反論しなければならない。ユングは，性格学において，対称の規則をあまりにも厳密に適用しすぎて，**頭脳タイプ**と**感情タイプ**の間には相互に還元し得ない対立があると考えている。この意見は，経験的知見に反しているのである。
　相貌学的にいえば，頭脳ゾーンに支配的な拡張があり，しかも感情ゾーンに

感情─頭脳ゾーン優位タイプもまたよく見られる。均衡のとれた適応のためには，明らかに，縮小ゾーン─ここでは本能ゾーン─が他の2つによって圧倒されていないということが重要である。
　このことは，左上においてよく実現されている。右上の下方ゾーンはやや欠けたところがあり，加えて，感情ゾーンは部分的に抑圧され，内向的（鼻脇前面の縮小が目をくぼませている）になっていることが見て取れる。さらに，よく分化した波状肉付きの額は直立しているが，これはくぼんだ目とあいまって，知能が外界の影響を受けにくいことを示唆している。そうでなければ，価値の高い知能になり得るところである。
　下では，相貌学的スタイルは右上と同じなのであるが，額の想像力ゾーンが優位にあることが見て取れる。このことは，後退した顎の無力性と結びついて，夢想的で現実化の困難さを示唆する。

図21　感情─頭脳タイプ

も支配的な拡張のある顔は非常によく見られる。そして，この構造は，多くの優秀な人々の特徴であるということさえできるのである（図21）。

　心理学的には，感情―頭脳優位タイプは，一般的均衡が保たれているか，それとも，顔の上方2ゾーンと下部ゾーンの間に不均衡があるかによって，性格特徴が異なってくる。

　本能ゾーンが縮小しているとはいえ，ある程度発達している場合，本能は選択的環境の外にあっては妨げられ，抑圧されて，本能ゾーンの生命力は転移の法則によって感情と頭脳の拡張ゾーンに移行する。

　しかし，下方ゾーンに不均衡をまねくほどあまりにも強い縮小がある場合，本能の表出はまったく禁止され，そのため行動は引っ込み思案になり，大胆さと自信の欠如，生命の本質的な利害への無関心，物質的で有用なものすべてへの軽蔑が生じ，粗野で受け入れにくい人物と見なされることになる。

　合理的思考には感情が介入しないものとするならば，頭脳の領域と感情の領域ともに拡張がある場合，両者がどのように両立するのかを問うことができる。1つには，あるときはその理性に従い，またあるときはその感情に従うというように両者が交替するということがあり得る。もう1つには，感情の力がダイナミックで創造的な飛躍力を与え得るということを認めなくてはならない。くり返していえば，すべては均衡の問題であり，感情的生活によって思考が侵害されないような制御が維持できるかどうかが重要なのである。

■ 本能―頭脳タイプ

　より特殊なこと――特に子どもたちにあってはいっそうまれなこと――として，本能と頭脳の二重優位タイプがある。このようにいうのは，本能と頭脳は，一見したところでは完全な対立関係にあるのに，それを結びつけることになるからである。

　相貌学的には，2つの拡張ゾーンは，縮小している中央の感情ゾーンによって分離されている。1つのあり方には，このゾーンの広さが縮小して正面から見た顔がマンドリンのかたちに似てくる場合がある。もう1つのあり方は，その高さに縮小が生じる場合で，小さな鼻が特徴となる。この場合，ふつう，中央にくぼみをもつ横顔となり，中央ゾーンは後退し，額と顎は前に張り出す。

本能―頭脳タイプは，上述の2タイプよりまれである。これは女性的というよりは男性的タイプである。また，これらの2つの肖像ではその特徴はあまり目立つように描かれていないので驚くこともないだろう。
 左の，一般的拡張タイプの小さな女の子では，額の広がりと顎の広がりが輪郭の4分の3を占めており，さらに頬の隆起も欠如している。鼻が非常に小さいことも付け加えなくてはならない。社会的交流も誠実さも高いにもかかわらず，この少女は感情的には自己中心的で，生活を導いていくものは何よりも彼女の本能的要求と理性であり，感情ではない。
 右では，均衡はより良好で，本能と活動性，あるいは知能が感情性に対して優位にあるとしても，感情は適応上無視できない役割を果たす。少しの微妙な違いを取り除けば，この顔立ちは3つのゾーンが釣り合ったタイプと共通になるといえよう。

図22　本能―頭脳タイプ

女性には感情優位タイプが多いので，このような顔立ちは男性ほど多くは見られない（図22）。

　心理学的には，生命力の拡張は本能生活の領域と知能の領域において現われるということが，この顔立ちから演繹される。感情生活の重みは乏しく，冷たさが支配している。もっと正確にいえば，感情は非常に限られた輝きをもってはいるが，社会生活にまでは広がらず，近くにいる人たちとの愛情的関係にとどまり，どうかすると，自己中心で自分自身でのみ生きていくことにまで狭められる。

　このようなパーソナリティの生き方にについて知るには，顔立ちを注意深く観察しなければならない。特に，感情ゾーンの過度の縮小によって，2つの拡張ゾーンの間に真の断絶が生じるようなケースが注意される。そのような場合，野性的で荒々しく，社会性のない本能的生活が一方にあり，他方で，独立した思考活動があるのだが，その思考の形式は額の構造によって異なってくるであろう（第Ⅰ部第5章参照）。

さらに，（縮小によって）抑圧された感情ゾーンから2つの拡張ゾーンのほうへ生命力が転移することによって，その活動性をあるときは想像のゾーンに，またあるときは本能―活動ゾーンへ転移する，ということがある。

■鼻脇前面縮小 （図23）

　私の動的な解釈法が有する，実り多い分析方法としての価値は，多種多様な相貌学的構造に照らしてみることでいっそう確かめられることになる。

　ここでは，**鼻脇前面縮小**と名づける顔立ちを研究することによって，そのことを示してみよう。重要なのは次のことである。前節では**頭脳―本能拡張タイプ**を調べ，感情ゾーンの縮小に注目したのであった。しかし，拡張の特色と縮小の特色との組み合わさり方にはもっと複雑なケースがあり，意表を突く仕方の結合タイプが見られるのである。感情ゾーンに強い前面縮小があり，鼻脇前面の顔の高みが後方へくぼみ，それに対して，頬は広く，鼻はたっぷりと大きく，前方に突き出ているケースが頻繁に見かけられる。感情ゾーンが全面的に後退している場合には，感情生活が乏しいと結論することができる。しかしここでは，（鼻の大きさから）感情の強い拡張があると結論しなくてはならないのだが，鼻翼と頬の間の部位に縮小があるので，拡張と保守の対立する力の葛藤があるということになる。結果として，このタイプの感情生活は豊かではあるが，それが生き生きと開花するのは選択的環境においてのみである，ということになる。

　この特別な顔立ちには，さまざまな変異が含まれる。頬の広さの大小は，深い感情と無意識の感情的要求の大きさを示唆するものとなる。鼻脇前面の縮小の度合いにも，内面化へ向かう抑制の強さが軽い場合，中くらいの場合，さらには非常に強い場合の3段階が区別される。鼻の構造もまた重要である。肉付きのいい鼻は優しさを示し，渇いた鼻は心の冷淡さを示す。短い鼻は能動的な気質の特徴であり，長い鼻は受動的で夢想的な気質の特徴である。

　しかし，以上の断片的な分析だけでは，**鼻脇前面縮小**についてなされ得る推論が尽くされてはいない。ここではあらためて，3つのゾーンの総合に努め，全体の調和度の問題を論じなくてはならない。

　縮小によって抑圧された感情的な力は，内部で積み重なるとともに緊張も高

第3章 局所拡張のタイプ

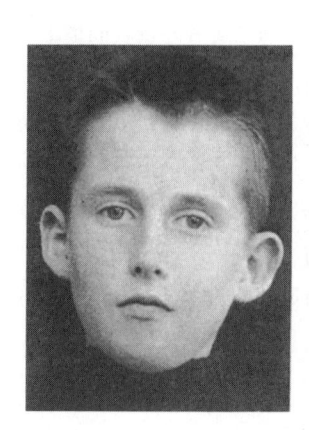

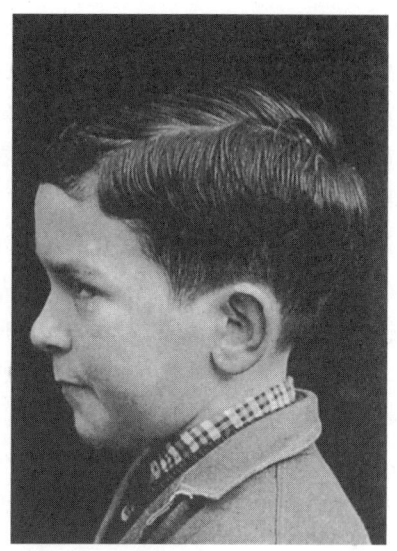

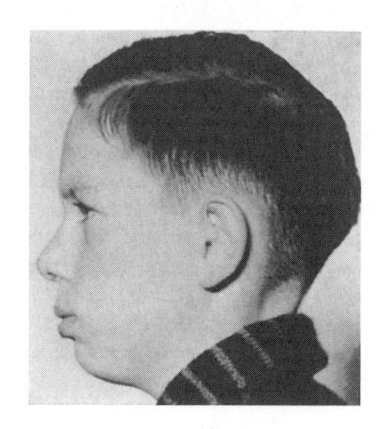

　感情ゾーンが優位であってもなくても、鼻の両側で頬を後にへこませることによる前面縮小が生じる場合は、感受性は内面化され、内向的となり、主体は冷静で粘液質の人のように見える。
　左上のケースのように、鼻が狭く鼻孔があまり広がらない場合がよくある。これは内面化をさらに強調するものである。感情の縮小により、目は眼窩のなかにくぼむ。さらにこの肖像では、縮小が上唇にまで及んでいて、下唇に比べると後ろの位置にあるということが気づかれる。このような場合にしばしば起こることだが、唇の隅はへこんで、軽蔑や辛さの表情を与え、感情的な適応の困難さが示唆される。
　2つの横顔では、鼻が頬の前に明瞭にせり出していること、目は眼窩のなかに落ち込んでいるということからして（右上、下）、鼻脇前面縮小がはっきり見られる。この縮小は抑制の要因となる。特に、下のように、下顎骨ゾーンのせり出しによる頬がない場合にはそうである。

図23　鼻脇前面縮小

まっていくので，いずれは緊張を緩和することが求められるようになるものである。ところで，緊張緩和は自由にのびのびできるような選択的環境を利用しても実現され得るし，また，前に見たように，たとえば，激しい怒りに身をゆだねて鬱積したことすべてが突然に爆発するというかたちによって実現されることもあり得る。しかし，緊張緩和はまた，最もたやすい道，拡張ゾーンという道を介しても得られる。生命力は，最大の拡張ゾーンのほうへ向かうのが最も自然な流れである。もし本能─活動の下方ゾーンが支配的であるなら，抑圧された感情的印象は，本能的衝動あるいは行動に変貌するであろう。もし，頭脳ゾーンが支配的なら，それらは夢や精神的創造に力を及ぼすだろう。

　個々のケースは，それぞれの特殊性において相貌心理学的な方法で分析されなければならない。しかし，多岐にわたるケースも主要な3つに分類することが可能である。つまり，**抑制的鼻脇前面縮小，活動的鼻脇前面縮小，肥沃化鼻脇前面縮小**である。

抑制的鼻脇前面縮小　たとえば，長く柔らかい鼻，小さな下顎骨のゾーン，夢想家タイプの頭脳ゾーンの拡張（一様に丸くなった額）など，無力症の徴候があるとき，鼻脇前面縮小は無力化作用をもつ。あまり強くはない場合，この作用は単純に性格の優柔不断と臆病さとなって現われる。非常に強い場合，それは，社会生活への不適応と，活動できずに夢想のなかへの逃亡を常習化させることになる。これはいわば精神病との境界である。これらの場合には，縮小と無力症によって口角が下がり，失意や苦悩を思わせる特徴的な表情を示すことになる（図23, 左上）。

活動的鼻脇前面縮小　顔が活動的で良好な緊張を示す多くの特徴をもっているならば，縮小は活力を与える効果をもつ。内面化された感情の力は緊張がある限度を越えると，唐突な行為によって解放されることがある。拡張が下顎ゾーンに支配的な場合，こうした解放は身体活動によって生じる。

　もちろん，すべては全般的な均衡にかかっている。額が前面縮小して，十分な自己制御の指標を示している場合，緊張は活動やよく訓練された思考（頭脳ゾーン拡張の場合）へ導かれて解放される。

肥沃化鼻脇前面縮小　顔の調和が大きければ大きいほど，つまり，感情的縮小，本能─活動拡張，額に示されている知的な素質の間の均衡が実現されていれば

いるほど，それだけ，パーソナリティは豊かになる。というのは，感情の集中，活力を生む内的な緊張，生命力総量の思考や現実化行動の領域への転移など，すべてが有能な主体をつくり出す方向に収斂することになるからである。

経験に照らす限り，この特殊な相貌学的構造は大人で頻出するものである。『相貌心理学の手引き (*Manuel de morphopsychologie*)』には，そのたくさんの実例が示されている。

3．能力適性

局所拡張を相貌心理学的に研究することの大きな利点は，主体の生来の傾向から生じる本質的な能力適性を最初の検査で見分けることができるようなケースを，ほとんど図式的な単純さで提示できる，ということである。それによって，学齢以後（そして時にはそれ以前でも），子どもが自然発生的にどんな方向に向かおうとしているかを予見できる。そして，子どもがどのような欲求や生活様式を志向しているかということについて，相貌心理学的な構造から教えられることが子どもの実際と一致する限り，それに逆らわないようにするのである。

すでに述べたように，環境との交流が平易かつ豊かになされるのは拡張ゾーンによっている。主体が自分の可能性に最も一致する仕事を実現でき，最も完全に事を達成し得たという感情をもち得るのも，このような交流の実現においてである。もっともこのことは，子どもが誕生したときに特別な運命として決められていることを実現するために必要となる手段と力を，はじめからもっているという意味ではない。そうではないが，少なくとも，子どもはその全人格的な高揚においてその志向性を感じるのではなかろうか。

相貌心理学的にいえば，子どもはみな同じで画一的な教育の対象であると見なす非常に古い慣習を断ち切らなくてはならないということになる。つまり，子ども一人ひとりが，独自の才能によって他とは異なるタイプに属するということ，また教育が有効であるためには，一人ひとりにとって最もよいものを与え，固有の能力と素質を軽視した厳格な教育的縛りを課して身動きできないようにしてはならないということである。

両親，教育者，学校の教師は，彼ら固有の傾向によって自分がよいと信じることを，子どもには少しもふさわしくない教育の仕方で課してしまうことが非常に多い。フランスでは，非常に古い大学の伝統に従って，知的な才能面ばかりを評価しがちである。そして，学校では，周知のように手仕事というものが長い間非常に軽視されてきているのである。
　頭脳ゾーン拡張のタイプは模範生とされる慣習があり，それは過度の頭脳ゾーン優位によって感情的，本能的な生活との結びつきが断絶されているような場合でさえもそうである。
　私は適応困難な子どもたちの相談事業で，学校ではうまくいかず精神遅滞者というレッテルを貼られた少年少女たちを観察する機会を与えられたことがある。この場合，かなり多くのケースが**本能ゾーン拡張のタイプ**であり，その知能は，支配的な本能や活動の方面に向けられていて，その結果，学校プログラムのあまりにも抽象的な教材を同化できないでいるのだった。これらの子どもたちは実践的なよい知能をもっていたし，また常識をもち手先の器用さに基づくすべての実践で優れていたということは十分注目すべきことであった。
　このような例は，子どもを能力適性にふさわしい教育へと向け，もっと後には最も適した職業活動へと向けるために，支配的な局所拡張の確認をよりどころにすることができることを示している。以下に意義深い例を追加して，このことをさらに示してみよう。

■本能ゾーン拡張のタイプ

　このタイプの子どもたちは，役に立つことにしか関心をもたず，そのうえ，自分で実体験できたとき以外は，概念や問題を理解しない。彼らにとっては，伝統的な教育はあまり好きにはなれない。その理由は，実践的な実現性という彼らの欲求を満足させないからである。彼らはしばしば「就職のため」という理由で，早期に学校を終了したがる。同じ意味で，余暇を読書などのためではなく，もっぱら手仕事にしか用いないというのも彼らの特色である。
　そして，実践的活動を好み，すでに見たように，知能はすべて活動欲求にふり向けられる。その知能は具体的な面にとどまり，けっして，抽象的な観念に高まることはない。それは，ずっと後になっても，すべての領域で同様であろ

う．また，あらゆることにおいて，量，効率，すぐ役に立つことなどの要因に着目する．物質的財産を愛し，いわゆる「**打算的**」であるだろう．ほんの少しの観念しかもち合わせていないのだが，これがむしろ利点となって，彼らの精神のなかにあるものはすべて現実化できるものばかりであり，夢見がちなところは何もないのである．

　彼らの能力適性には，タイプの違いによって差が生じ得る．

　受動的タイプが支配的な場合，活動や運動欲求は弱い．すなわち，静かな仕事，家でする仕事を好むようなデスクワークの人たちなのである．よく発達した味覚，それに結びついた食物摂取本能の優位性が，料理人，菓子職人あるいは精肉屋といった食糧供給の仕事に向かわせることが多い，ということは注目される．また，食料供給や必需品の小さな商売で，ある種の交渉センスをもつ．

　能動的タイプが支配的な場合，身体活動への好みが強くなる．身体的な力のせいで，このタイプの人は好んで力仕事を選ぶであろう．最も厳しい肉体労働でも実践できる．知的な認識を必要とする職業分野であっても，彼らはむしろ身体活動を要するポストに就く．たとえば，内科の医者よりは外科医に，研究所よりはむしろ工事現場のエンジニアに，デスクワークの学者よりむしろ冒険家になるだろう．

　制限的タイプが支配的な場合，内省が行動と釣り合うようになる．仕事の現実化は体系的で組織立ったものとなる．材料を処理するあらゆる仕事によく適応して，このタイプは，言葉の最も本来の意味で技術者となる．**能動的拡張タイプ**ほどではないが身体活動の仕事に向いており，忍耐と力の集中を必要とするデスクワークの活動に多く見かける．その組織的な能力のおかげで，彼らは概して最高水準の有能さに到達し，組織の長になることも多い．

　しかし，彼らにあっては，思考は創造的でも創意に富むものでもないということに注意を促しておきたい．たとえば，学者や教授になったとしても，完成された科学を担う人であり，新しい観念を創造することにはならないであろう．

■感情ゾーン拡張のタイプ

　どんな活動に従事していようとも，感情ゾーン拡張タイプは社会的交流を追求し，物質的な対象との関係よりも人間との関係を好む。それゆえ，「社会的」と呼ばれる仕事，すなわち，教授，宗教的聖職者，教育者，社会福祉の労働者，看護士，秘書などによく適応するだろう。

　受動的タイプの場合，まわりの人たちの愛情を受けたいという欲求のゆえに，あらゆる職業の分野において，その上司の共感を得るために自己の最善を尽くすナンバー・ツーなどの地位を占めるようになるであろう。自身を長にするような活動性と組織力には欠けているのである。

　能動的タイプの場合，感情的活力が興奮剤として作用する可能性のあるすべての職業が好みに合うだろう。もし知的な能力によって自由業に就くことがあるならば，人間的交流が第一であるような活動分野に好んで就くことになるだろう。たとえば，工場や会社つきの医者よりも開業医に，神学者よりは小教区の牧師になるだろう。

　制限的タイプの場合，前述の二者の場合ほどには，感情的衝動に押し流されない。そして，よく制御された活力が熟考と結びついて，むずかしい手間のかかる仕事を実現できるであろう。もし知的な素質がよければ，最も多様な職業が開かれているだろう。どんな仕事にあっても感情的あるいは熱情的な要素を注ぐのだが，これは，あるときはすべての能力の活性化という積極的な影響を生み，またあるときは逆に現実化への妨害という消極的な影響を生むことになり，こうした影響を注意深く見積もらなければならないであろう。

■頭脳ゾーン拡張のタイプ

　すでに見たように，ここでは，相貌心理学者は，拡張ゾーンの広さによって思い違いをすることのないように気をつけ，知的な素質の本来の規定要因である分化と調和を重要視しなければならない。

　受動的タイプは，すでに見たように，額部が縮小による制限を受けず自由な拡張を遂げた，最も比率の大きな額をもつタイプである。この大きな額は，一様に丸く，大きな球面を示している。彼らは非常に大きな同化の能力を示すが，外部から吸収したことを念入りに理解し直そうというようなことはしな

い。その結果，知能は，受動的な感受性，外界からの無意識的影響，具体的概念や言葉や数の純粋で単純な蓄積に従って働いている。くり返せば，それは，本来ほんの幼い子どもの脳の状態に対応するものであり，幼児期のすばらしい同化の能力を内実とするのである。

「一様に丸い」という構造が生後数年たっても保持されているとき，それは無意識の受動的感受性と，夢のような思考という特殊なあり方を意味している。丸い大きな額の知能は，それゆえ覚醒的でも活動的でもない。このタイプの児童はあまり注意深くなく，あまり内省的でもなく，教えられることを学びたい気もあまりない，というのは事実である。教育効果の乏しさのために，しばしば精神遅滞者と見なされさえする。しかし，この大きな無意識の想像力が豊かな成果を生み出す領域があり，このタイプの大きな額が発明家，音楽家，数学者などにしばしば認められるということを強調しなくてはならない。

能動的タイプは，額は少し縮小し，丸いカーブの単調さが平たい部位で乱された，より分化したかたちになる。このタイプの知能は能動的で外的な世界に向けられ，具体的なもの，事物の実際的な側面にのみ関心をもつ知能となる。

このタイプの子どもは，あまり理論的思考に惹かれることはないけれども，学業は優秀である。具体的問題を解決し，明快に説明しなければならない知的生活のすべての領域において，のびのびと処理する。実践的な適応のよさによって，商売やビジネスのよい感覚をもつだろう。また，大学教授などにもよく見られるだろう。というのは，彼らの観念は，教育の教材のなかに容易に具体化されやすいからである。商人や事業主にもたくさん見られるであろう。同様に，自由業でも，適応のよさからを実践者として見られるだろう。

制限的タイプの場合，すでに見たように，額の構造は分化され，3つのゾーンが特定される。このことにより，事実観察力（下方），内省と批判的判断力（中間），想像力（上方）を結合した最も完全な知能となる。知能は組織化され，多くのアイデアを思いつき，理解し，同時にこれを具体的現実の枠組みのなかに流し込むことができるであろう。

早くから額の分化を示す子どもは，その能力に最もよく適した活動領域を自分で選ぶことができ，最も多様な仕事に自分の方法と判断力をもって乗り出すことができ，広範な職業分野が開かれているものと予想される。

人間の頭脳タイプにおける頭脳ゾーンの重要性は上述のとおりだが，後にいっそう詳しい研究を紹介することにする。

第4章

応答傾向，外枠と内枠

　外界との交流ということを通じて，感覚受容器が気質のうえで演じる役割の重要性についてはすでに述べた。

　拡張的な気質である**膨張タイプ**の人々は開放的な感覚受容器を特徴とし，これにより環境への大きな開放性，それと連関した適応の平易性を表現している。

　反対に，保守的な気質である**縮小タイプ**の人々は，多少とも顕著な閉鎖的な感覚受容器を特徴とし，これにより環境への部分的閉鎖性，それと連関して適応の選択性を表現している。

　開かれた受容器のタイプは環境の刺激にただちに反応する傾向があり，膨張タイプにおいて最大となるこのような傾向を特に「応答傾向」と呼ぶ。

　強い応答傾向（開放的受容器）の結果として，生活環境の刺激に従ってすぐさま反応（即時的応答）して行動する人は，いわば独自の個性を失うことと引き換えに，適応を非常にたやすく手に入れているということを強調しなければならない。反対に，応答傾向が乏しくて（閉鎖的受容器）環境の影響から免れる人の場合，その行動（遅延的応答）はほとんどいつも自分自身だけで行なうこととなり，その結果，その顕著な個性はいくぶんかの不適応という代償を払うことになる。

　自発行動か応答性か，個性か適応か，この二重の対立は，相貌心理学的に極端な2つのタイプの特徴を示している。そこで，1つの問題が生じる。すなわち，**膨張タイプ**で，応答傾向が優れていて，非常によい適応が得られる場合と，逆に縮小タイプで，主体的行動がほとんどであるため環境への適応がしばしば困難である場合とでは，いったいどちらが恵まれているというべきなのかという疑問である。

この疑問への答えは，一意ではあり得ないだろう。実際，それは状況によるといわなければならない。まず，**膨張タイプ**の人々の場合，たやすく適応できることによって，実践上の優位が保証される。反対に，**縮小タイプ**の場合，その個性が彼らに最大の価値を与える。しかし，この極端な2つのタイプはそれぞれ，別のタイプに欠けているものによって価値があり，それらはどちらも不完全であるということに注目しよう。すでに見たように，最良の適応は，疑いもなく，**適応と個性を調和的に結びつける膨張―縮小タイプ**にある。
　ここまで私は，**等質的構造**のタイプだけしか考察しなかった。構造の等質性は，顔の枠組み（外枠）と感覚受容器が集まる顔の中央部（内枠）†との間に大きさの整合性があることをいう。外枠と内枠と呼んでいるものの間に，十分な一致がある場合である。しかし，整合性がない場合も見られる。外枠と受容器枠（内枠）の間に構造の不調和がある，という場合も多く存在するのである。

　　† 原文では顔全体の輪郭をgrand visage，感覚受容器の集まる領域をpetit visageと呼ぶ。大顔，小顔と直訳するのは誤解されやすい。原文では顔全体のことをcadreという語でも表わしており，これをもとにすれば枠（枠組み）とすることができる。そこで，それぞれ外側の枠組み，内側の枠組みと見て，外枠，内枠とした。

　そのうち以下の2つの典型について述べることにしよう。
・開放的受容器の縮小タイプ
・閉鎖的受容器の膨張タイプ
　詳しく述べるのに先立ち強調しておきたいのだが，**顔の外枠**は身体の形態全般を顔で再生産するものであり，主体が行動のために自由に使える無意識の生命力を表現している。他方，**受容器**，つまり，まわりの環境との直接交流を行なう部位は，意識的な現実の生活を表わしているのである。こうして，均衡のためには，外枠と受容器の間の一致，つまり，外界との交流の強さが深部に貯えられている生命力の大きさと一致することが必要である，ということが理解される。**膨張タイプ**においては，交流の豊富さが豊富な貯蔵活力と調和する。**縮小タイプ**の交流の慎ましさは，縮小した外枠に示されている貯蔵生命力の乏しさと一致している。
　この均衡が実現されない場合には，重要な生理学的，心理学的影響が生じる

ことになるが，それが病理的状態につながると結論を急いではならない。それは単純化しすぎである。むしろ逆に，ある種の不均衡が特別な生命の活力を生み出すこともあり得るし，均衡のとれたタイプにはあり得ないようなオリジナリティーを生み出し得ると考えなければならない。

開放的受容器の縮小タイプの人々においては，主体がその強い応答傾向によって，環境のほとんどすべての刺激に対応せざるを得ず，すべての影響に反応せざるを得ないということによって不均衡が生じる。生命力の貯えは乏しい（外枠の縮小）ために，絶え間ない反応に必要なエネルギーを供給し続けることはできないからである。そのままでは疲弊死にいたりかねない事態に対応して，後述のように，心理学的にたいへん興味深い補償作用が生じる。

反対に閉鎖的受容器の膨張タイプにおいては，行動力は，大きな生命力の貯えによって非常に大きいのであり，この場合の不均衡は環境への開放の欠如に由来することになる。

このように興味深い気質と性格の2つの対立するタイプについて，以下で詳しく研究していくことにしよう。

1．開放的受容器の縮小タイプ（即時応答型の縮小タイプ）

おもな応答傾向を即時応答型に特徴づけることのできるこの相貌心理学的なタイプについて，以下でその相貌学，生理学，心理学を研究しよう。このタイプは，子どもでは非常に出現頻度が高く，これを研究することは，子どもの行動を理解するうえで大きな利益をもたらす。

■相貌学 （図24）

この即時応答タイプの顔立ちの主要な特徴は，縮小した外枠と膨張した内枠（受容器）の対立である。顔の外枠と身体との間には緊密な対応関係があるので，即時応答タイプの一般的な身体は，繊細さ，細く平たい胴体，細い手足を特徴とする。顔の3つのゾーンについていえば，2つのゾーン間に顕著な対照がある。狭い下顎骨に対して口は非常に大きく，このため微笑んだり笑ったりすると，どうかすると口が顔幅全体を占めて見えるほどになる。同様に，鼻の

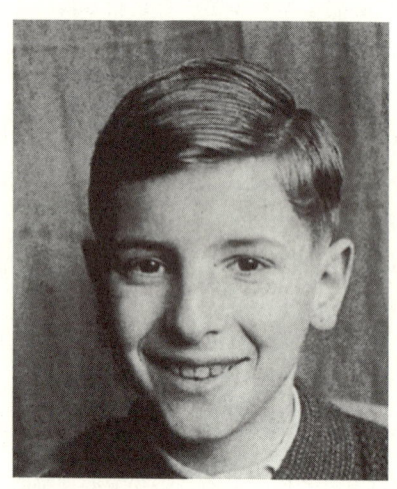

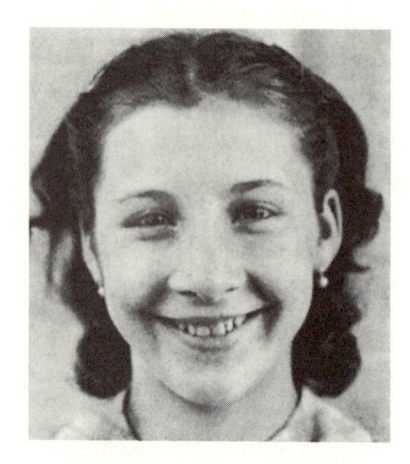

第Ⅰ部 相貌心理学からみた子どもの発達

内枠／外枠の比が大きければ大きいほど，それだけ反応傾向が際立ち，言い換えれば，主体はあらゆる刺激にすばやく反応する。しかし同時に，行動持続のための力の貯えが失われる。正面から見ると，受容器（内枠）が外枠を「食って」いる。横顔では，受容器が大きく開放的であることがわかる。
不均衡になるほどには反応傾向が顕著ではないケース（左下，右下）では，自然な活発さと，心と知能の大きな開放性のために，適応は良好である。

図24 応答タイプ

幅が大きく，頬の狭さと対照をなす。同じく，額は狭いのに，目は大きく，両目は離れている。

横顔で見ると，受容器の「開放的」構造が見て取れる。口は肉厚で，はっきりとした唇をもち，鼻先は前方に出ていて，目は顔の表面にある。即時応答タイプの表情は非常に活発で，表現力に富み，このためいわゆる「開放的な顔」となる（図24，左上）。

■生理学

　この即時応答タイプにおいては，身体生活と精神生活の分離が他のタイプに比べて乏しい。というのは，生活のあり方のどこを見ても，生理的な反応に属するのか，心理的な反応に属するのかがいえないくらいに，心身は解きほぐしにくく交じり合っているからである。

　また，このタイプの相貌学の本質的性格は，生命力の貯えがあまりないのに（外枠の小ささ），非常に力を尽くす（内枠の開放的な大きさ）ということである。いわば，年金で生きることに満足せず，絶えず自分の資産に手をつける人と同じ状態にある。あるいはまた，どこかに穴が空いていて水を貯蔵できない花瓶，さらには「充電の効かない」蓄電池にたとえられる。

　応答傾向は，それゆえ，絶え間ない力の無駄遣いになる。これは危険なことである。というのは，貯蔵量が決定的なレベル以下になれば，疲弊によって重い病気に，あるいは死に身をさらすことになるかもしれないからである。

　しかし，生体は生き残るために，さまざまな方法で危険を予防する。ある場合には，応答傾向をある程度修正するために構造の変更が生じるかもしれない。それは，**補償的応答タイプ**であり，それについては後に研究する。またある場合には，まわりの環境の側に修正をつくり出すこともある。生体への刺激による消耗に耐えられる程度にまで刺激を減らすのである。

　環境の修正は，子どもの「応答性」を軽減するために，子どもを刺激的な影響から守ろうとして家族によって導入されることもある。子どもが遊んでいて興奮しすぎたとき，遊びをやめさせて，本や手仕事を持って静かな雰囲気のところへ移すことは当を得ているのである。ありきたりの指摘ではあるが，これにより子どもは実際に元気を取りもどすことができるのである。活動したり遊んだりするのを止めることができない子どもたちには，よく知られているように，体力を回復させる睡眠のために，寝室へ連れもどすことがしばしば必要なのである。

　しかし，こうした「隠れ家にもどる反応」による環境の修正が，子ども自身によって実行されるということもまたよく見られる。というのは，この反応は，落ち着けるという影響によって，「充電」できる保護的環境に避難することにほかならないからである。とはいえ，このタイプの子どもたちは応答傾向

をコントロールすることが，いつでもうまくできるわけではないということを強調しなくてはならない。疲れていても興奮し続けるというのが最もふつうであり，彼らはほとんど極度の疲労にまで突き進んでしまう。極度の疲労に対する防衛反応は，興奮を誘発していた原因に照らしてみると，唐突で異常なことに見える。たとえば，一瞬前までは元気と陽気さでいっぱいだった子どもが，突然不機嫌と仏頂面を示すことがしばしばあるのはこのためなのである。同じように，非常に活動的な子どもが，突然起こす**無力反応**，すなわち，乗り越えがたい疲労で耐えられなく感じて，家に帰り，ベッドに横たわり，眠りにつくという反応もこれである。私は『無力症に関する研究』*において，無力症状は，病気というよりも過度の消耗から回復するために一時活動を抑えようとする生体の防衛反応であり得る，ということを示した。

* L'enfant fatigué（Oliven版），Conseils

■ 心理学

　顔の外枠は，（身体と同じく）無意識の生命力の貯えを表わしている。それが広ければ広い（**膨脹タイプ**）ほど，生命力の貯えは大きい。それが狭ければ狭い（**縮小タイプ**）ほど，生命力の貯えは弱い。これに対して内枠（受容器）はまわりの環境との，大部分は意識的な，交流の大きさを表わす。

　外枠が縮小しているということは，生命力が存在の深いところで抑制され，抑圧されているということを示し，内枠（受容器）による絶え間ない消費に対する保護が必要になるのである。**即時応答タイプ**は，人格の意識的表層においてはとりまく世界に非常に開かれていて適応している。だが，この適応は表面的なものであり，深い生命力によって支えられてはいない，といえる。この特性は根本的で，心的生活のあらゆる領域でそれが見られる。

　即時応答タイプの乳児は，周囲のすべての刺激に応答し，すぐに笑い，すぐ話し，よく動き，笑う，非常に利発そうな乳児である。彼らには人の存在が常に必要なのであるが，均衡のためには，落ち着いた人の存在が必要なのである。まわりにあまりに多くの人がいたり，あまりに多くの刺激があると，神経質になり疲れることになる。たとえば，食事の際，外的刺激があまりに多い

と，この子どもたちがきちんと食べることは妨げられてしまうことに注意しなければならない。

　成長を促進しようとはしないほうがよいタイプの子どもたちであり，むしろ，必要としている刺激の量だけに押さえることによって，ブレーキをかけなくてはならない子どもである。その配分にはたいへん微妙なものがあるが，注意深い母親ならわかるであろう。

本能生活　本能の目覚めは早く，それはしばしば力強いヴァイタリティの徴候であると誤解される。実際には，即時応答タイプは，拡張の大きさに発する内的な力によってではなく，周囲の出来事からくる衝撃によって追いたてられているのである。感受性がすぐに感応しやすいこと，このため，環境のすべての刺激に応答するということが，誤解を招くもととなる。彼らには基盤が欠けている。根源的な本能も乏しい。外的興奮剤なしだと，ほとんど何もできない。一言でいえば，本能的というよりむしろ衝動的なのである。

　こうして，彼らの行動は生命力の深い源から発する行動の欲求によるのではなく，その時々の印象への反応にすぎない。もし何も行動へ仕向けるものがないならば，無為に過ごし，たくさんのつまらないことで時間を失うことになる。反対に，刺激されると，ほとんど休みもとらず，絶えず忙しくなる。それゆえ，競争心の鼓舞や報酬の魅力で動かせば，彼らから多くのことを手に入れることができる。

　彼らはまた大食であるともいえない。むしろ，食は細い。どんな料理でも気を惹くことはできるし，お気に入りの料理の前に座らせれば，なんでも味わうであろうが，栄養たっぷりの料理だとたちまち飽きるであろう。他方，彼らには力の貯えが乏しいので，ほんの少しでも絶食すると持ちこたえられない。そこから，回数の多い小量の食事（そして，これは1歳のときから）の必要性が生じるということになる。

　官能性の目覚めも早く，それは大人が「タブー」とする快楽の追求が早いことに現われる。ここでもまた，興奮しやすさがしばしば強い本能のせいだという誤解を生む。場合により，何かの仕事に没頭していると，彼らは欲望などとまったく無縁になる。しかし，頻繁な誘惑がありさえすれば，彼らはそのつど身をゆだねていく。

感情生活　一般に**即時応答タイプ**は，感情生活が豊富なタイプということで通っている。そして，事実彼らは非常に共感しやすい。感受性は生き生きとしている。あらゆることが印象を生む。他人の情動に共感して感動し，他人の楽しみを喜び，他人の苦痛を深く悲しみ，熱情をもって他人の友情に応答する。ほめ言葉は彼らを満足させ，叱責は彼らを悲しませ，親切な言葉は彼らを励まし，不正は彼らのなかに恨みを引き起こす。

　彼らはまた，自然にも感じやすい。春，太陽の光，美しい眺めは彼らに喜びを与える。反対に，冬が近づくこと，灰色の季節，陰鬱な景色は憂鬱にする。このタイプの一人の少年はこう述懐した。「泳ぐときは，お日様があるほうが好きだな。雨が降ったら，僕は風邪をひいたり，病気になったり，体が弱ったときみたいな感じになるんだよ」。

　何事においても，彼らは情熱的ですばやい。仕事を愛し，また快楽を愛する。いつも情熱的である。非常に早い時期に恋愛感情に捉えられる。すぐに熱中する。特に外見，魅力，やさしさに誘惑される。人間の存在なしにはすまされない。社会を愛する。非常に好かれる。というのは，彼らは感じがよくてよく微笑むからである。

　しかし，彼らは一見そうは見えないのだが，実は感情的な豊かさに欠けている。というのも，深さがないからである。彼らの感受性は，まったく表面的である。外的世界の絶えず変化する印象にあまりにも没頭し，「気移り」が激しい。同じように，その熱意も外から支えられないとすぐに減退する。よいスタートを切るのだが，重大な障害があるとたちまち阻止される。愛情を貫き通すことはしない。彼らを征服することはたやすいのだが，それを長続きさせるのはむずかしい。去るもの日々に疎し，という言葉は彼らにふさわしい言葉であるといえる。

　一言でいえば，彼らはうわべだけである。事物の根底にまではけっして行かない。この傾向そのものは，社会的な面でも**即時応答タイプ**が示す趣味のなかに見出される。すなわち，人目を引くこと，気晴らしをすること，心に浮かぶすべてについて話すことが好きである。他人の興味を引くために努力する。実際は，けっして深く入りこむことはない。そうする力をもっていないのである。感情が拡散すると疲弊におちいる危険があることがよくわかるのは，対立

する何かに出会って突然いらだってしまうときである——そして特に疲れているときは非常に傷つきやすい——チェスタートンはディケンズの性格を非常に顕著な応答傾向として記述しているが，そのなかでこの心理的気質がみごとに描写されている。

「ディケンズは——とチェスタートンは書く——幼児期の欠点を生涯もち続けた。この子どもは心理学的逆説の典型である。つまり，彼はほんの少し幸福すぎるために，ほんの少しいらだちすぎるのである。ディケンズはいつもこうだった。社会によって過酷に扱われる子ども時代を過ごしたので，彼は並はずれて愛想がよかったが，突然気むずかしくなった。彼は，あらゆる関係において，子どもがパーティーの終了時間に陥る状態そのままであった。彼は，満足し，魅力的で，愛情深く，幸福であるが，それにもかかわらず奇妙なことに，心の底から興奮して泣き出しそうなのである」。

即時応答タイプが周囲の環境に依存することは，彼らに意志が乏しいことを了解させる。そして，このことは小さい子ではあたりまえなのだが，もしこの傾向が成長に伴って修正されないということになると欠点となり得るだろう。

実のところ，**即時応答タイプ**は多くの活動のエネルギーをもっていて，何もしないでいることはめったにない。しかし，一瞬の刺激の奴隷でありすぎるために，この活動のエネルギーは持続的なものになり得ない。子どもにとって，長い間同じ仕事を続けていくのがどれほど困難かは理解できることであろう。

同じように，彼らには自己統制が欠けている。彼らは欲望に負ける。衝動に従う。冷静さを簡単に失うのは感受性の強い人である。頭を通りすぎることすべてを話し，秘密を守れないおしゃべりである。周囲や状況の圧力に屈するあまり，しばしば嘘をつき，他人にサービスする誘惑に負けるのである。

知能 即時応答タイプは，受容器の構造によって世界に広く開かれている。彼らはあらゆるものに好奇心をもっている。同化するための豊かな素質と，学ぶことが楽しい事柄なら努力せずに記憶にとどめることができる記憶力を与えられている。

彼らは具体的で感覚的である。深いところの活力が欠けていることと裏腹で，事物の表面的な側面，外的な様相に引きつけられる。彼らにとって，事物はそれを指示する単語である。好んで言葉を器用に操る。早熟で平易な言葉を

もっている。会話は才気に満ちている。

彼らは生き生きして説明されたことをすぐに理解する。順応性があり，1つの主題から別の主題へと容易に移る。すばらしい記憶力をもち，特に言葉の記憶力はそうである。また，学習が容易な優れた生徒である。適応上の順応性から混乱した状況をすぐに解決できる機転のきく人になる。ただし，解決法は安直である。

即時応答タイプの場合，開いた受容器の特性の知的な長所があるのだが，それは外枠の縮小に起因する内的な活力の欠乏を補うには充分ではない。応答傾向は外界の直接的印象に第一の位置を与える。これらの印象は絶えず変化するので，思考は散漫になり分散し，持続的なものを何も受け取れない。注意力は生き生きとしているが，集中しない。考察には欠陥がある。問題は一挙に理解されるか，そうでなければそれはけっして理解できない。**即時応答タイプ**の思考は，つかの間の印象に無関心でいられず，深めることも，観念を念入りに練り上げるのに必要な内的な成熟を待ってがまんするということもできない。言葉はしばしば思考の代わりとなり，大きな欠点は，「おうむ返し」ということである。その結果，言葉の記憶に頼る，おうむ返しのようなことが役立つすべての領域で目立つことができるということになるが，反対に，深いところで問題を探求しなければならなくなると挫折する。

したがって，彼らは，次々と生じる出来事やさまざまな事実に関心をもつ。最も重要なものは何かという感覚は，ほとんどもたない。会話，読書，仕事，何にでも専念できるが，印象を集めるための重心が欠けている。無数の細かいことに我を忘れる。また，計画を立てることも，仕事の手順を考えることもできない。

最後に，もし彼らが創意に富み，機転がきく人であるとしても，真の発明の才能はもたない。すでに見たように，彼らには深いところの活力，それによって自然の力と融合し，その創造的想像力を養うところの活力が欠けているのである。

能力適性 顕著な即時応答傾向を示す子どもが，この傾向を成人になるまで保持するような場合についてなら，最も成功する職業領域を予見することができる。

すでに述べたように，彼らの積極的な長所は，優れた適応能力，生き生きして変化に富んだ知能である。

しかし，その受動性ゆえの短所は，まず障害に出合うとやる気をなくすことである。そして彼らに向いた仕事の領域あるいは条件のなかにいられなくなると，すぐにいらだち，能力のよい部分を失ってしまう。また，彼らはあまりに多くのことに手を出して気を散らす性向をもち，それが幸福への道をしばしば妨げることになる。同じ意味で，しばしば仕事以外のことに従事したり，夕刻になると気晴らしのために外出したりして力を浪費する。これがしばしばくり返されて消耗させることになる。

このタイプの子どもが，将来，行なうことができると思われることを見てみよう。

肉体労働につけば，彼らは体を動かすことを愛し，生き生きした，器用さを要する仕事をこなすであろう。しかし，彼らには活力，特に抵抗力が欠けているため，上述のようにもし何かがうまくいかないと，すぐいらだつだろう。

商業や工業に就いている彼らを多く見かけることになるだろう。特に，活発さ，機転のきく解決力，弁舌の巧みさを必要とするところは彼らの居場所になるだろう。行商人，商人，セールスマンにも見かけるであろう。あるいは，事務所で，秘書，文書係，素質しだいだが経営者直属のなんでも屋になっているのを観察できるであろう。そのきらびやかな才能によってビジネスの管理職ポストを得ることもあり得る。しかし，彼らの道に障害が立ちはだかると足を取られる，という保留条件つきである。というのは，そのとき必要になるであろう思考や組織力や頑固さという資質が欠けているからである。

緻密さと方法論が欠けているので，彼らは技術分野には就かないであろう。

反対に，現状把握の特別な感覚を必要とする職業ならなんでも向くであろう。ジャーナリズムやモードの仕事などである。

また，外交の仕事では，補佐役ポストに就くであろう。その仕事に向く洗練された礼儀正しさと器用さをもっており，さまざまな状況に接することをいとわないであろう。そのうえ彼らの言語の才能はその仕事に役立つであろう。

高等教育の大部分が現状がそうであるように，本による教育に基づいている限りにおいて，即時応答タイプの知的な才能は，一般に高等教育へ到達するの

に十分であるだろう。また，大部分の自由業が彼らには向いているだろう。

　知的な即時応答タイプは小さな才能をにぎやかにもっているであろうが，概して大きな才能も天才的な能力もないといわねばならない。

2．閉鎖的受容器の膨張タイプ（遅延応答型の膨張タイプ）

　即時応答傾向は幼児期の大きな特徴であることをすでに強調しておいた。反対に，大きな外枠（膨張）と閉じた受容器（縮小）という構造は，幼児期では相対的に頻度が少ない。

■相貌学（図25）

　このタイプの子どもは体積の大きな身体と大きな活力をもっている。
　顔立ちでは，丸い形であれ，凸凹のある縮小タイプであれ，外枠は大きい。
　反対に，受容器は，多少とも閉じている。つまり，口は狭く（下顎と比べて），肉付きの薄い唇は相互に強く押し合っている。両目は接近している。
　横顔で見ると額の縮小がある。口は薄く盛り上がりが乏しく，顎の盛り上がりと鼻の隆起の間でへこんでいる。目は眼窩のなかにくぼんでいる。
　表情はあまり変化がなく，それを「閉鎖的な顔」と形容することができる

応答傾向は，受容器が閉じている場合には最小になる。加えて外枠が大きく生命力の貯えの大きさを示している場合，主体はすべての力を集中することができる。自然な活発さに欠けているが，逆に粘り強い行動に適する。

図25　閉鎖的受容器の膨張タイプ

(図10参照)。

生理学

外枠が大きい場合は，強い本能拡張に対応して生命力が大きいことを意味している。受容器が相対的に閉鎖していることは，環境との交流が厳しく制約されることを示している。結局，ここで即時応答タイプの逆，つまり，力の貯えが大きくて力の消費が弱いタイプに出会うのである。

また，**閉鎖的受容器の膨張タイプは即時応答タイプ**と反対で，環境の刺激によって影響されることが少なく，行動するとすればそれはもっぱら自発的なものである。

彼らは，非常に重い金属の輪，つまりフライホイール（はずみ車）をつけたエンジンにたとえることができる。エンジンが回り，フライホイールのなかに回転を復元するための大量の運動エネルギーが蓄積される。続けざまにエンジンが急激な補充応力を与えるように促されるとき，フライホイールのおかげで，それなしにはできなかったであろう規則正しい運動が確実にできるようになる。**閉鎖的受容器の膨張タイプ**は，フライホイールをもち（即時応答タイプと反対に），これによって持続し，疲れを知らず，どんな障害にあっても挫折することなく行動できるのである。

心理学

このタイプで**応答傾向**は最小となり，その結果，**個別性がまさり適応性**はしりぞく。

本能生活 本能生活の力は強いが，しばしば抑制される。それは，**即時応答タイプ**のように刺激のたびに発動したりはしない。ただし，姿を現わすときには，大きな活力をもって集中的に発動される。このタイプの子どもはおだやかで，あまり話さず，あまり叫ばず，あまり泣かない。彼らはけんか好きではないが，争うときは本気である。非常に活発で，自分がしていることに集中し，環境の刺激によって気をそらされることはない。

感情生活 彼らの感情生活もまた，集中した雰囲気におかれる。このタイプの子どもたちの感情的欲求は，力強いが選択性をもつ。彼らの執着は強いが，何

かただ1つの存在に対して向けられるのである。知らない人々には愛想よくしない。見知らぬ人々の前では，黙り，無表情な顔のままでいる。愛や憎しみを強く感じ，だれかにされたことをほとんど忘れない。情熱家であるが，一般に自制することができる。感情は不変で，約束したことには忠実である。

　彼らには大いなる意志力がある。一方で，活動エネルギーはその潜在的な生命力のため大きいのだが，しばしば決断するまでに長い時間を要する。意志のリズムが相対的にゆっくりしているため，柔軟性とすばやさを必要とする仕事には不向きになる。他方で，彼らの自己統制は非常に大きく，衝動を制御して仕事に全力を集中することができる。即時応答タイプの特権というべき直情径行のあり方を禁じ，衝動を抑制することができる。

知能　彼らの知能は，即時応答タイプのような柔軟性と適応の容易さをもたない。また，環境の影響を受けにくい。自分の関心を引くことによってしか引きつけられない。それゆえ，関心の幅広さはなく，引き換えに，持続する注意力，大きな集中が可能で，そのおかげで，研究主題をよりいっそう深めることができる。

　彼らは，受容的というよりむしろ活動的であり，とりわけ自分自身で試しながら学ぶ。

　論理が勝っていて，しばしば自発性を麻痺させる。即時応答タイプの進取の気性や機転がない。反対に，することすべてにおいて几帳面で，筋道をもっている。そして，他の人たちが失敗するところでも，方法や秩序が研究遂行に必要不可欠となる場合には，成功する。実際，息の長い仕事ができ，その成果はいつも彼らの概念レベルのものとなる。

　簡単にいえば，この2つの極端なタイプ（即時応答タイプと受容器の閉じた膨張タイプ）は，すでに学んだ対立（たとえば，**膨張タイプと縮小タイプ**）におけるように，一方の素質はその対立者の欠点となり，逆もまた真であるということになる。

能力適性　即時応答タイプの場合と同様に，このタイプの子どもたちの将来の幸運な職業領域を予見することができる。

　閉鎖的受容器の膨張タイプの長所は，前述のように，安定性，集中力，行なうことすべてのなかに秩序と方法が一貫することである。

しかし，消極的な面として，自発性と環境への適応的順応性が欠如していること，人間関係における協調性の欠如，知的な堅苦しさを強調しなくてはならない。

肉体労働では，大きな行動力を示し，集中力を要するものであればいっそう有能であることを示すだろう。新しい状況への順応性において欠如するところがあるとしても，反対に，行動を沈着冷静に選ぶ，方法の秩序性と器用さを示すだろう。

また，技術的な仕事においても優れているだろう。そこでは，方法，忍耐，継続性などの諸要因が第一の重要性をもっているからである。

商業にも向くが，とりわけ工業の仕事に多く就くだろう。生産し，組織するようなポストに比べれば，社会的関係を要するポストにはあまり向かないだろう。目立たないが，堅実であり，まったくゆっくりした歩みのすえに指令者のポストに就くようになる場合，その任務をまっとうできるような権威者になるであろう。

建築家も向いているだろう。というのは，建てる作品がどんなものであれ，それを粘り強く成し遂げるであろうから。

自由業や芸術的な仕事では，彼らがどれほどの価値をもつか予断はできないが（その価値をよく知るためには，額の構造と顔の全体的な調和を注意深く研究しなければならないであろう），活動力と集中力によって，しばしば他の人々よりずっと遠くまで行けることになるであろう。

3. 補償的応答タイプ

前に述べたように，応答傾向によって生体が極度の疲弊状態にさらされると，それを補償すること（睡眠や静かな環境）が必要になる。この補償は，幼児期には，生命の危機から逃れる効果をもたらす「隠れ家反応」によって実現される。しかし，補償が顔立ちの変化によって実現されることも起こり得るのであり，それは内枠（受容器）に縮小が生じることにより，相貌学的な構造のなかに刻まれるのである。こうなると応答傾向の修正作用は一貫したものとなり，良好な均衡が保障される利点が伴うことになる。

こうして補償的応答タイプは，膨張―縮小タイプ，すなわち，拡張の力と保守の力の均衡を主たる特徴とするいろいろなタイプに帰属することになる。

■相貌学（図26）

補償的応答タイプは，純粋な応答タイプとは異なり，その感覚受容器の1つがさまざまな程度に環境に対して閉じられている。

出現頻度が高く，研究の必要性も高い興味あるケースは，この閉鎖が目の受

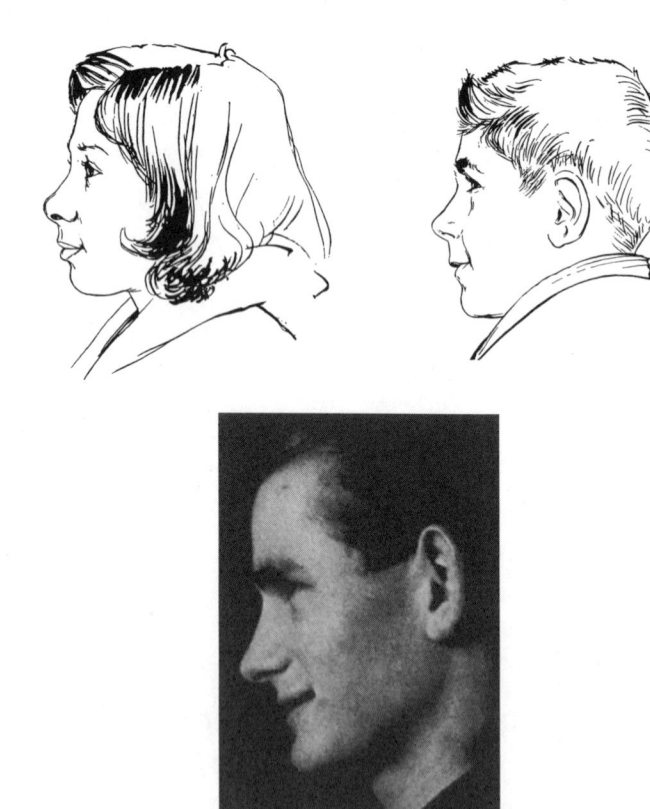

応答傾向による生命力の拡散が大きすぎるのを避けるために，受容器の部位の1つに多少とも閉鎖を生むことによって，修正がなされる。目の落ち込みという形状をとって，頭脳ゾーンに起こることが多い。そのことによって，拡張可能性の意識化が生じ，過度の消耗を抑えることができるようになる。左上では，目の縮小が少ない。右上と下では，目の縮小が目立ち，口の閉鎖もある。

図26　補償的応答タイプ

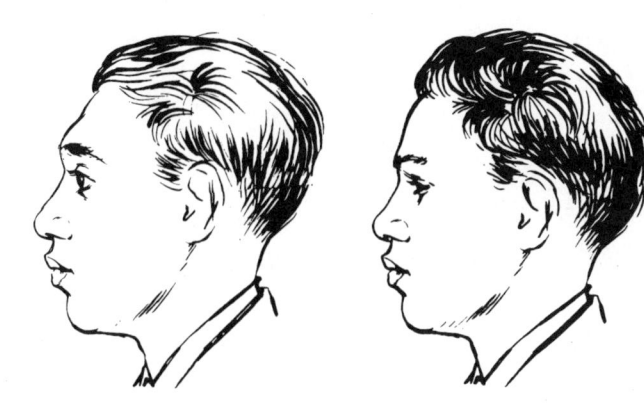

応答傾向を補償する目の相対的閉鎖は、2つの肖像の並置によってはっきり示されている。両者の下方2つのゾーンは完全に同じであるが、目のくぼみと額の傾きだけが異なっている。

図27　補償的応答タイプ

容器に生じる場合である。両目は多少接近し、いくぶんかのくぼみが現われ、眉は、目から離れて高く上がったアーチ型ではなく、むしろ両方の眉が目に接近して、すぐ上でまっすぐな線を描く。

　表情もまた異なる。すなわち、**即時応答タイプ**の目から離れた眉の表情とは対照的に、より接近集中した眉になる。

　ここにあげた図（図27）は、両タイプの対立をよく示す。これら2つの肖像には、目のゾーンの縮小の有無（両者は対照的）と鼻、口のゾーン（両者とも同じ）の間にはっきりしたコントラストがあること、しかも「鼻面の」突起部は同等であることが注目される。

生理学

　即時応答タイプでは、すでに見たように、応答傾向に対する補償は、拡張する力の浪費が十分に長い期間続いた疲弊の後に初めて作用する。それは本能的反応として、唐突かつ激烈に起こる。**補償的応答タイプ**では、そうではなく、いつも（縮小ゾーンに対応する）どこかの点で油断なく用心し、時には力の浪費を止めて、補償が絶えず働いている。

　たとえば、**即時応答タイプ**に多い無力症反応は、しばしば本当の病気になるくらいの強さをもっている。しかし、**補償的応答タイプ**においてもそういう反

応はあるが，現われ方は弱くて，より激しくもなく，より継続的でなく，したがって病理的ではない。

■心理学

　補償的応答タイプの特徴は，拡張ゾーン（図27で選ばれた例においては，本能─感情の部位）においては**膨張タイプ**であり，保守ゾーン（この例なら頭脳ゾーン）において**縮小タイプ**であるということである。このことから，このタイプでは本能と感情生活に関する限り，その刺激はすべて直接の反応を引き起こし得ること，その反面，知的生活に関する刺激はえり好みの対象になるだろうということが結論される。もし知的な生活に関する印象が主体の選択範囲に類似するならば，それらは受け入れられる。もしそうでないならば，退けられる。すでに見たように，眼窩のなかにへこんだ目は，主体の欲求についての自覚と，応答傾向から生み出される危険についての鋭い意識の徴候なのである。

　ここでは，パーソナリティは分けられて，いわば2つに分断されると結論しなくてはならないのだろうか。もちろんそうではない。というのは，感情の領域と知的な領域の間の分離は絶対的なものではないし，本能的あるいは感情的な多くの刺激印象は純粋なものではなくて，知的生活にも関係するものとなるからである。そして，感情なり本能なりに触れる刺激が人格内部に影響を与える場合には，そうした刺激印象自体も知的な批判対象になる，というべきだからである。**補償的応答タイプ**の知能特性は，よりよい自己支配，より深い内省力，目的追求の際の洞察力に富んだ根気よさである，という結論になる。

　補償的応答タイプは，結局，純粋な即時応答タイプより複雑な色合いの人格をもつ。彼らは，純粋な**即時応答タイプ**のように環境の影響を受けやすく，同化能力にも富むところがある。しかし，そのうえ，内的な生活や志向性，明確な目的をもっている。

■能力適性

　全体として，**補償的応答タイプ**は，純粋な**即時応答タイプ**と相似た能力をもつだろう。反応のすばやさも，衝動性もやや劣るが，引き換えに，より多くの思慮と活動におけるより大きな持続性をもつ。

職業適性についていえば，どんな仕事であろうとも，**即時応答タイプ**の散漫な注意力は，能力のすべてを仕事へふり向けることができず，ほかのことや気晴らしに割かれてしまうので，有能性の阻害要因となる，と考えねばならない。力の秘訣は常に集中ということにあるということを肝に銘じておくべきである。この集中力は**閉鎖的受容器の膨張タイプ**において最大になるということを見たが，それは世界への開放性を犠牲にしてのことである。**補償的応答タイプ**はそうではなくて，集中力と外界への受容性との間に均衡があり，その結果，より微妙な適応と，より変動性に富む職業適性が生じる。

第5章

額

　すでに述べたように，いわゆる高等動物から人間を最も隔てるものは，頭蓋骨と額の著しい発達であり，頭脳ゾーン拡張タイプが顕著である。

　この点で，大部分の動物の子どもたちが生後数時間から数日で自分の脚で立ち上がり，歩いたり走ったりできるようになるのに対して，人間の子どもは1年の終わりごろになってやっと歩くという具合に運動発達が遅れるのは，まことに注目すべきことである。その引き換えに人間の場合，知能ははじめの数か月で，運動よりはるかに早く覚醒するのである。

　子どもの未熟性についてよくいわれることだが，動物と違って人間の場合はいかなる日常的な行動も自力では解決できず，母親の援助なしにはうまくやっていけない。これと相関して，この依存性こそが感情的な結びつきをつくり出し，言語のやりとりの確立を通じて知的な発達を促すことになるのである。

　次に子どもたちを，動物の子どもとではなく子どもどうしで比べてみると，一人ひとりの重要な相違に気がつく。けっして同じ程度に頭脳ゾーン拡張タイプになってはいない。したがって，みなが同じように発達し同じような能力をもつのではなさそうなのである。

　第3章で論じたように，最も際立った（精神）機能はそれに対応した身体部位の顕著な発達によって表わされるのであり，その規則からすれば，幼い時期でもその顔立ちの診立てによって最も際立つ能力のあり方が予測される，といえる。

　たとえば，特によく発達した頭蓋骨と額をもち知能の目覚めが早い代わりに，運動機能は遅れている頭脳ゾーン拡張タイプの子どもという類型があり，これと対照的に，頭蓋骨と額は小さいが，口顎部位や手足の発達は著しくて運動発達が早発的な運動型の子どもがあり得るのである。前者では成長とともに

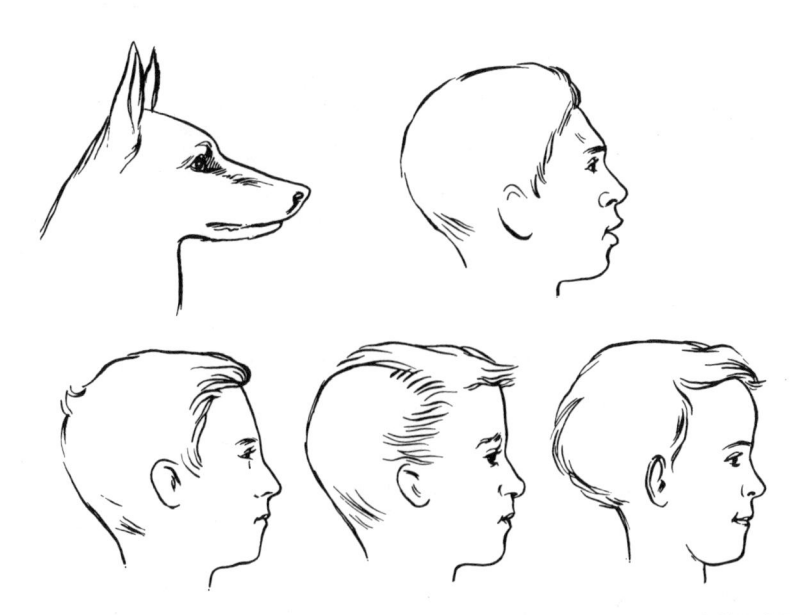

人間以外の高等動物では，本能―感情ゾーンの早期かつ原初的発達と，頭脳部位の相対的減退が特徴である。

人間では逆転しており，顔の前面の縮小に伴って，額が傾いた即時応答型から額が直立した遅延応答型まで，この順で少しずつ横顔がまっすぐになり，3つのゾーンの均衡がよくなる。そして人間でも動物のような「鼻面」がある程度残っていて，額が後方へ傾いている場合，その程度に応じて感覚運動的な知能と（動物的な）勘が思弁的な知能を超えるものとなる。

図28　人間の頭脳の型

視覚的探索や言葉の能力が先に獲得されがちなのに対し，後者では動作や歩行のほうが先になりがちなことは注意に値する（図28，29）。

ここであらためて頭脳ゾーン拡張タイプのことを述べようとするのは，人間におけるこの部位の重要性を考慮し，第3章で述べたことを完全なものにするためには額の構造のより注意深い吟味が必要であると考えるからである。

すでに，知能が額の広さと比例するであろうという単純な主張の誤りを明らかにしたが，これについて以下の2つの大切な質的側面を強調しておいた。

①額それ自体の分化と調和
②額の発達と顔の他のゾーンの発達との間の均衡

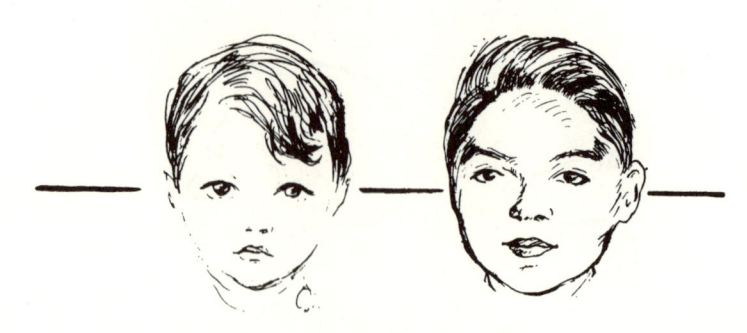

人間の頭脳部位優位性は，誕生時に身体と運動性の発達が未熟なのに対して，頭蓋と額が顕著に発達していることに表われている。しかし成人に近づくにつれて，この２つの顔立ちに見られるように，額の顕著さは減退していく。幼い子どもでは顔をおよそ上下に等分する線は両目を結ぶ線に重なるが，右側の成人顔では同じ線は眼窩の下方にある。

図29　額の漸次的縮小

1. 額の分化と調和（図30）

　相貌心理学は，前述のように，計量生物学とは根本的に異なっている。何よりもまず相貌心理学ではかたちの絶対的な測度を問題にするわけではなく，比例関係や部分間の調和の大小による均衡関係を問題にし，また，肉付きの最も微妙な差異を問うのである。この要請は，額という知的能力の主要な部位に関してはとりわけ大切になる。

　前に膨張タイプと縮小タイプの額の相違点を述べた。また，**受動的膨張タイプ**の一様に丸みのある肉付きはどんな刺激でも受け入れ，具体的なものでも，夢でもなんら選択なしに，内省もなく実現性もなく，純然たる受身でただ貯えていく受容性の特徴を表わしている，ということについても述べた。逆に**極端な縮小タイプ**に見られる平らな部分とへこみのある肉付きは，環境のなかの特に選ばれたものを除けば受け入れず，想像力に欠け，論理と内省による制約が抑制をもたらすような，刺激浸透性の乏しい受容特性を意味している，ということが指摘された。

　さらにまた，中間型である**膨張―縮小タイプ**を調べてみると，額部分が分化していて，膨張と縮小の合成が見られる場合には，知的分野での最良の適応が実現されることにも言及した。

分化ということの第1段階は、**能動的拡張**に伴うわずかな縮小によって始まり、その影響は活力を与えることであり、形態としては額の広さを縮減し、こめかみや前額部に平たさをつくり出すことである。

　第2段階の分化は、膨張と縮小の間の均衡を示す**制限的拡張**によってつくり出される。**制限的拡張**とは、側方部位ではこめかみのへこみと側頭上部のふくらみが同時に生じる一方で、中央正面部位では、すでに述べたように、波状または起伏型の縮小によって額が上下方向で3つのゾーンに分かれていくことである。

　問題はこのような分化の診立てが乳幼児期から、あるいは、すでに誕生時の額部で可能かどうかということであり、このような早期から額に対応した将来の知的能力を結論できるのかどうか、ということである。この問いに対する答えは「はい」でもあり「いいえ」でもある。子どもたちの額は生後数か月から構造の差異を示し、そのうちの何人かを注意深く調べると、将来の発達を予測させるような分化の兆しを明瞭に診立てることができる限りで、「はい」である。一方、乳児の受動的拡張は丸型を基調としていて、額に強い縮小が生じることは期待できず、縮小はほんの少しの丸みに現われるので検出するのは困難を極めるため、「いいえ」である。たとえば、こめかみのレベルには、しばしば受動的拡張の肉付きの一様性を乱すようなかすかに平らな部分が生じ得る。しかしその子どもが制限的拡張期（およそ6歳ごろ）にならないうちは額が3段のゾーンに分化するのを見ることはできない。特に注目すべきは、眉部のふくらみ（額の3ゾーンの最下段）が、思春期を迎えるまでははっきり認められないことであり、これは思春期の呼吸活動の拡張に関連して、額部副鼻腔が発達することによって生じるものだからである。

　以上のような保留点はあるが、肉付きの慎重な吟味を通じて、どんな年齢でも将来の知的能力がどうなるかについてはかなりの部分の予測が可能である。

　このような意味合いがあるので、ゆるやかな曲線状に波を打つ**波状肉付きのタイプ**と、より激しいくぼみとふくらみがジグザグ見える**起伏―縮小肉付きのタイプ**の区別を強調してきたのである。**波状縮小タイプ**の知能はしなやかで、観察、内省、記憶、想像などが特に努力もしないで滞りもなく協調する。**起伏縮小タイプ**の知能はいろいろな過程が分離して衝突し合い、妨げ合うことすら

起こるので，複雑で不均衡に陥る恐れがある。

　額部の3ゾーンについての広さと高さの比較も重要で，どのゾーンが際立つかにより知的能力も異なってくる。眉部のふくらみのゾーンが（額の最も大きな部分であり，ふくらみの高さも大きく）際立つ場合，その知能は完全に物質分野を志向し，実践的な観察や実現力に富むということができる。最上段のゾーンが（上部が大きく，高まりもあって）際立つなら，観念的知能志向で，大きな想像力，環境刺激への強い感受性，アイデアと概念で満ちた重要な世界をもつという特色を示している。中央部に関していえば，これは上下2つのゾーンの間で平たく（波状肉付き）またはへこみ（起伏縮小の肉付き）を描くもので，縮小型のゾーンなのである（上下2つは拡張型ゾーンであるのと対照的）。したがって，このゾーンの場合，その支配性は広がりではなく，2つにはさまれたへこみの深さで表現される。そのへこみが際立つ場合，すでに見たように，それは知的過程の自覚性，感覚からくるものや想像への深い内省を示すものとなる。また，へこみが著しい場合，それだけ意識は鋭く内省は深まるのである。

　観察も内省も想像も，思考の歩みのなかに調和して結合されるような**知能の均衡**が生まれるためには，これら3ゾーンの比率が**適正**であることが必要である。

　3つのゾーンに不均衡が見られる場合，その主体の知的理解力について結論を引き出すことができる。たとえば，眉のふくらみが大きく額の大部分を占めている小さな額の型がある。いわゆる「農民」型の額である。正面から見ると底辺の大きな台形型（最下段が最大），ふくらみのゾーンが高くて広く，その上は平たく狭いので想像力のゾーンがまったく欠如している（図30，図34，右および図46，左上参照）。この場合，主体の関心は物質のみ，それも有用なもののみに向き，想像に訴えることはまったくないが，実践上の仕事には優れた能力をもっていると結論できる。

　対照的に，想像力ゾーンがほとんどを占めているために眉のふくらみが小さな，いわば非常に大きな額の型もある。この場合も不均衡であって，具体的現実との接触や内省よりも想像的思考が優勢になる。頭脳拡張タイプの乳児にはよくある構造で，この年齢は感覚からくるものを受け身で貯えるのがもっぱら

最上段には一様な丸型の額が並び，中段には非常に縮小した額が，最下段には下部が縮小して上部が膨張した混合型の例が示されている。

図30　額の構造

なのだから，自然なことである。しかしやがてはこれも3つのゾーンの適正な均衡状態へと変わっていくはずであろう（図30と図32，左）。

　中間ゾーンが広くて深いへこみの型では，現実知覚と想像のるつぼにはまってつくりあげたものとの間に本当の「裂け目」が生み出され，内省が抑制的作用を及ぼし，思考の自由な展開を妨げることになる。

　以上のことから，相貌心理学者は額に特有の調和を診立てること，均衡のとれた「よい額」を不均衡な額から区別することができなければならない。これに対して，同じ対象評価であっても基準が主観的なことでよいのだろうか，と

いう反論があるかもしれない。というのは，美とか調和とかの判断は主観的にしかできないからである。私はそれを否定しない。たとえば観念型の人が見れば最上部のよく発達した額を評価するであろうし，物質志向の人ならば眉のふくらみに注目するであろう。評価に際して評価者の気質を完全に免れる法はない。しかしここで必要なのは，相貌心理学的な教育により科学的な評価を打ち立てることができるということである。

調和ということは，**額の傾き方**という別の構造的特徴でも問題になる（図31-ⅠおよびⅡ，左）。流線形の額がある（45度まで傾く例あり）。これと平行して，本能─感情の強い拡張が見られ，顔立ちの3つのゾーンのうち下2つとともに眉のふくらみ部が突き出る顔である。これは活動性の高い衝動的で，激しい行動の主体につきものであり，この場合内省的な制御は欠如する。

もう1つの極端な例として，**垂直に立った額**があり，この構造は既述のように顔前面の顕著な縮小の表われであり，したがって内省的な制御がよくできることを示すものである。どうかすると，額が垂直を通り越し，顔の中央以下より前に傾くことさえある。これは顔の中間ゾーンの極端な縮小により，鼻部はもとより頬や眼の後退（**鼻脇前面縮小**）が生じていることを示すものである。額が垂直に立つ度合いに応じて自我統制が強まり，自発的な反応を抑制する傾向がある。

こうして，後ろに傾いた額は衝動的活動を，垂直に立った額は抑制を表わす。ここでも最良の適応はこの両極の妥協で実現されて，衝動が内省と調和する場合であり，これは額がほどよく傾く型のものである。額の傾き方は垂直から45度まで変わり得るが，前者に近いほど内省的思弁的であり，後者に近いほど活動的実際的である（図31-Ⅱ，左）。

2．額の大きさ

額の広さは，大中小に3分類できる。

額が小さいという場合，けっして額の絶対的サイズをいうのではない（すでに計量生物学が無用なことは指摘済みである）。そうではなく，他の2つのゾーンの発達度合いに比較した比率のことをいうのである。言い換えれば，小さ

第5章 額

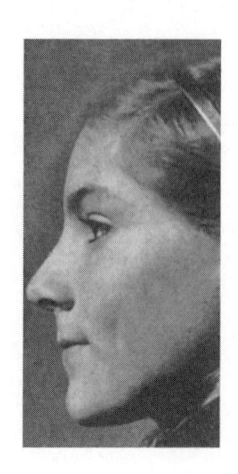

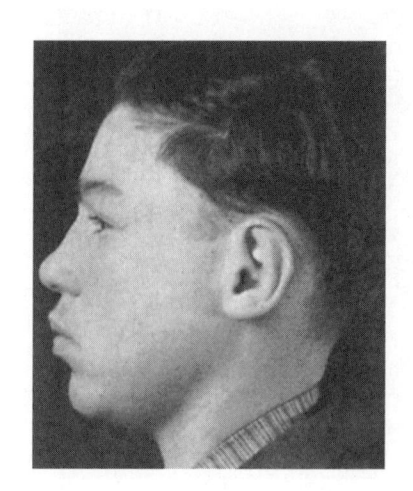

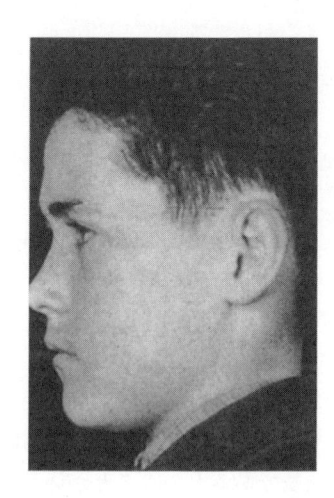

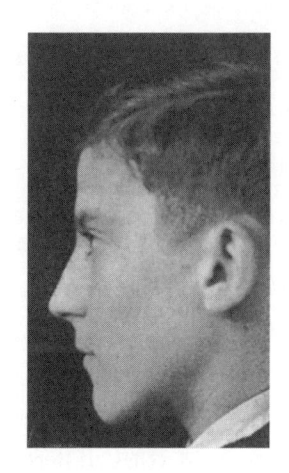

図31-Ⅰ 額の型

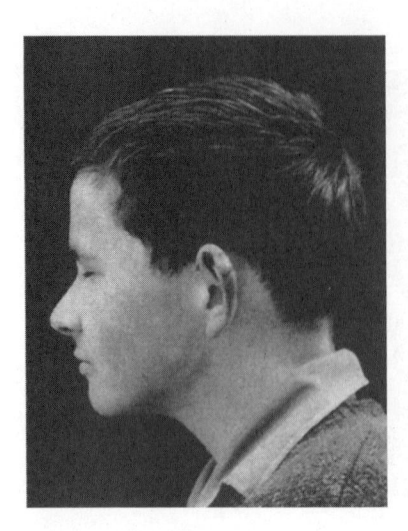

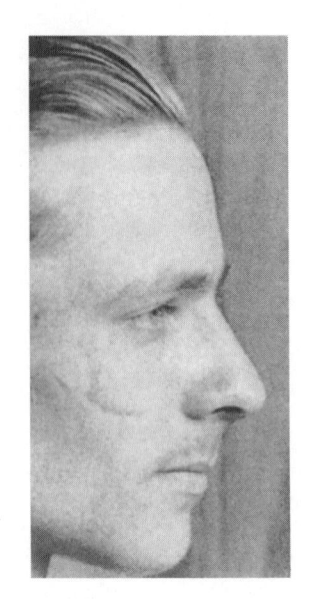

第Ⅰ部 相貌心理学からみた子どもの発達

ここ（図31-Ⅰ，31-Ⅱ）には最もよく見られる額の6つの類型が横顔で示されている。

図31-Ⅰの左上，右上は小さい額でやや後傾し分化がある（波状肉付き）。2人とも本能—感情の優位なタイプである。少女では分化が控え目で，よく吟味しないと一様な曲線のように見えるが，そうではない。少年のほうは分化がいくぶんはっきりしている。

比較のためにまっすぐな額をつくる額縮小型を3例示す。額の中央部，内省の部位が縮小でくぼんでいるのは同じようであり，これが眼のくぼみ方とあいまって内面化，鋭い意識化を示していて，また抑制因子を構成して知能の硬直化の原因にもなる。左下から右下と縮小が増し，受容器も閉鎖している。

図31-Ⅱの左では想像力ゾーンが非常に広い，頭脳拡張タイプを示している。しかしここでは額の垂直性が抑制を生み出し，眼の縮小がいっそうこれを助長している。思考は迷路に入ったように堂々めぐりをして，実現へ抜け出すのは困難にならざるを得ない。

右では3つの（顔）ゾーンの均衡のよさを見ることができる。額に限っても3つの（額）ゾーンはよく均衡しており，規則的な波状型である。左と違って額が過剰に突出していない。この場合は，現実化ということが概念と同じレベルにある。

図31-Ⅱ　額の型

な額というのは**本能—感情ゾーンの拡張型**の額であるということになる。このことからその人の知能は自律的ではなく，感情および本能生活に従属的であり，したがって本質的に具体的で実践的な知能であるということがいえる。

大きな額は**頭脳拡張タイプ**であり，本能—感情生活から比較的独立した自律的な思考，つまり理論と抽象へ向かう思考を示す。

平均的な額は定義そのままに，他の2つのゾーンとサイズの均衡がとれてい

る。拡張の力が本能ゾーン，感情ゾーン，頭脳ゾーンの３つの領域に等しく分散している。個人の行動は本能，感情，理性の１つによって規定されるのではなく，３つ全体によって規定されることになる。

■小さな額

　小さな額は縮小した額であり，頭蓋自体も容積が小さい場合，知能は環境に向かって開かれておらず，ごくわずかの選ばれた領域に向かってしか開かれていない。また他者の影響も受けにくい（図31-Ⅰ，左上，図32，右，図46，左上参照）。

　頭にごくわずかの考えしかもたないということは，ある活動に集中できるという意味で職業によっては利点になる。しかしそれはまた，それ以外のことについてはまったく理解できないということでもある。さらにいえば，縮小は主体を今の位置にとどまらせる傾向があり，小さな額はしばしば紋切り型精神を示すものである。

　最後にこの場合，知能は本能─感情生活への奉仕のために働くものである。この型の子どもたちは精神を豊かにするための勉強には興味がもてず，ただ日常生活に役立ち具体的で利益のある事物の勉強にだけ興味を示す。

肉付き　額が小さい型では肉付きによる区別が大切である。

　肉付きが一様に**丸い**ならば，ごく限られた範囲の刺激に対する受動的な受容性を意味し，その受容刺激は深められることも内省されることもない。

　平たい部分のある丸型ならば，能動的な拡張を意味し，受容刺激ははっきりと捉えられて行為へと変換される（図41参照）。

　起伏縮小タイプならば，同じ刺激を受容しても思考が深められ批判的内省の対象となり，発明などを促すものとなるだろう（図32，右）。

眼　額の相貌心理学的な分析は，眼という，脳の入り口であり環境との知覚的やりとりのうえで最重要な位置を占める受容器の分析なしには，不完全になる。視覚受容器が閉じられている（眼が小さく，眼窩の下に沈み込んでいる）場合，小さい額から推測されるアイデアの欠乏と世界への開き方の狭さとがあいまって，知的貧困や時には精神遅滞を示すこととなる（図32，右参照）。

　逆に，視覚受容器が大きく開いている（大きな眼が十分な広がりを得て顔の

左の一様に丸みを帯びた曲線は知能の受動的受容性を示し，幼い子どもにつきものの思考型の持ち主である。この横顔ではまた受動性が無力感の漂う鼻腔，口，顎などでも見られる。
　対照的に，右の横顔では縮小が目立ち，額の高さを減らして肉付きを平らにし，眼もまたくぼんでいる。この場合，知能は選択的に特化されるが，顔立ち全体に漂う緊張感（力感）は左の場合より能動的な思考の質を生み出す。

図32　2つの対照的な額

表面にある）場合，応答性の高い構造であり，環境への大きな受容性，やりとりの容易さ，衝動的自発性などがはつらつとした知能を生み，もっぱら実践的で深まりも発明発見もないとしても，適応性の高さを生むこととなる。

■大きな額

　常識的にいわれる法則――それは前述のように誤りなのだが――では，大きな額は偉大な知能のしるしだ，ということになるが，これは次のように修正するほうがよい。すなわち，**大きな額が偉大な知能を示唆するのは，よく分化されていて，顔の他のゾーンと均衡している場合に限る**，と。

　その理由は，知能というものがけっして脳だけのものではなく，世界を知るための諸能力の総和だからである。それは知覚から始まり，視覚と聴覚という脳固有の2つの遠受容感覚が十分に作動しさえすればそれでよしということではなく，嗅覚，味覚，触覚など他の知覚の役割も無視することはできないのである。

　知能はまた，本能―感情生活からも独立したものではない，ということができる。知能には感情が影響を与える。また，本能生活を通じて存在の深みが経

験され，それによって活性化され興味のあり方を方向づけられる。花にたとえれば，思考は，滋養分を与え支えてくれる土と，地下の深みから不可欠な滋養分を樹液に取り込む根というものがなければ開花できないのである。

相貌心理学的に言い直せば，知的能力の診断は額の検査だけでは十分でなく，感情ゾーンと本能ゾーンの検査もあわせて見るのでなければならないのである*。

 * *Le diagnostic de l'intelligence par la morphopsychologie*, P. U. F., Paris.

偉人を研究すると大きな額をした頭脳ゾーンタイプが多く，それこそは創造的能力を示す証拠なのだということがよくいわれる。しかし後述するが，偉人たちでは他の2つのゾーンはたしかに頭脳ゾーンに従属的であるとしても，その形態がそれなりの評価に値するものであるということに注意しなければならない。額が大きければ大きいほど，均衡上から口顎部も力強くて，現実に接触を保ちつつ思考を維持するのに不可欠な支持基盤となり，また思考の実現化に不可欠な力を与えることが必要になる，という法則を提示することができる。この法則には系があり，か細い顎部と連合した大きな額は偉大な知能ではなく，とりとめない夢想に満ちて，現実化への具体性がない思考を生む，ということになる。もう1つの系は言い換えにすぎないのだが，額の広さと本能―感情ゾーンの一定の釣り合いが必要であるということである。あまりに額が支配的であるのはよいことではない。というのは，知能は空回りしがちになり，生体の残りの生活部分との関連を失い，不均衡に陥るからである。

このように見てくると，学校の子どもたちのなかには，一見してその大きな額から学業で大きな成功を収めるだろうと思わせるにもかかわらず，存外うまくいかない子どもたちがいる一方で，小さな額の（大きな眼をした）子どもたちが成功する場合がある，ということにも驚かないですむのではなかろうか。

肉付きの分析から，**額の構造的調和を考慮することも必要である。一様に丸い肉付き**（図32，左参照）は大きな刺激受容性を意味するが，選択性がなく，内省的な吟味もなく，概念的な精緻化もない受容性を示すものである。与えられた知覚そのままに，純粋かつ単純に貯蔵するだけなのである。たとえばこの型の子どもは，大の本好きになることがあり，いつも本を欲しがるが，なんで

も読みまくり選択ということをしない。印象は混同されてしまうので，読んだことの主題を要約して語ることができにくい。こうした子どもたちにあっても，頭脳ゾーンの拡張ということはあらゆる物事への好奇心を生み出し，多くの幼い子どもたちの感嘆すべき記憶力の源泉となる，ということは否定できない。受動型の，一様な丸みをもつ大きな額については，もし発達途上で頭脳ゾーンの拡張により**受動型から能動型への**（肉付きの平面化に表われる）変化が生じるならば，すべての貯蔵が実りある知能の養分となり得るだろう，といえる。

　成長後に比べれば，幼いうちに**肉付きの変化**がはっきりした特徴をつくり出すことはあまりない。それゆえに相貌心理学者は，子どもの額の構造を見分けるときには肉付きのごくわずかな違いを探索するように視線をこらさなければならないのである。

眼　大きな額でも小さな額でも，**視覚受容器の形態**への考慮を欠かすことはできない。額が印象とアイデアの貯蔵を代表しているとすれば，眼は環境との交渉を代表するのである。

　大きな額を持っていても，眼が小さくて眼窩に落ちくぼんでいるとすれば，それは環境との交渉が節約され，生活は過去の学習にしがみついてなされ変更されにくいこと，そして思考は現実から遊離しがちなことを意味する。この構造したがって，適応の不十分さを示唆するのである。

　逆に眼が大きくて顔の表面に位置している（落ちくぼまない）ならば，それは良好な適応を表わしている。というのは，環境と交渉していくことにより想像力が培われるからである。比喩的には，前者は水が更新されにくく淀みがちな貯水池なのに対して，後者は水が供給される貯水池なのである。

　視線の表情についての考慮も不可欠である。というのは，これは主体の知的活力の表われだからである。とりわけ赤ん坊では，受動的拡張が支配的であるために一様な丸みの肉付きが多く，ささやかな分化の兆しを見分けるのがしばしばむずかしい。それはこめかみのごくわずかな平たさ，側頭部のほんのひとすじの平たさ，あるいはまた，額前部でも弱い光が斜めに差し込むところでしか見えないようなかすかな平たさとかにすぎないのである。このような場合でも，視線の表情に注意することによって変化の有無への示唆を得ることができ

る。

　たとえば，額が丸い場合でも，後の活動が活発化する可能性を予測することの重要性を前に論じた。ところでこの予測は，しばしば視線の表情から得られるのである。実際，初期の受動性を発達過程の最後まで保ち続け，夢想にふけりがちな子どもの力のない曇ったまなざしと，能動的拡張に変化していく子どもの生き生きと輝くまなざしとでは非常に大きな違いがある（図33，左）。

　同様にして，修練を積んだ相貌心理学者なら，かなり早期から額の縮小がかすかな肉付きの変化でわかるのだが，また，ごく早期に表われる事物に対する視線（まなざし）の表情の注意深さ，考え深さによっても診断できるものなのである（図33，右）。

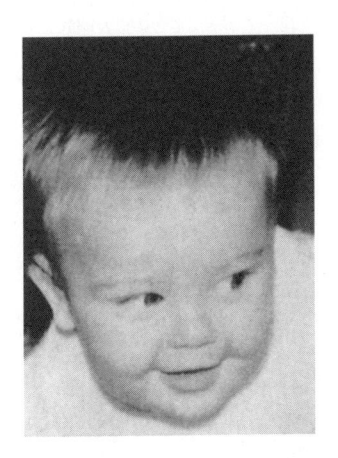

　「眼は心の鏡」といわれる。たしかに視線の表情は，感情と知能について多くのことを教えてくれる。
　幼い子どもたちの視線を評価するのは特に有用である。というのは，1歳の乳児では顔の肉付きに分化が進んでおらず，後の発達を予見させるようなはっきりしたものが見出しにくいからである。本書の冒頭では，乳幼児の形態は受動的拡張型であるとした。しかし，ここでもいくらか微妙な差異のあることを認めなければならない。子どもによっては能動的拡張への移行の兆しが表われていることがあり，それは肉付きの力強さと強い表情のこもった視線で表わされるのである。左はその例である。
　他方，右のような場合は，早期の縮小によって顔立ち，特に額部がつくられており，それが外界に対して注がれるまじめそのものの視線にも表われている。

図33　視線（まなざし）

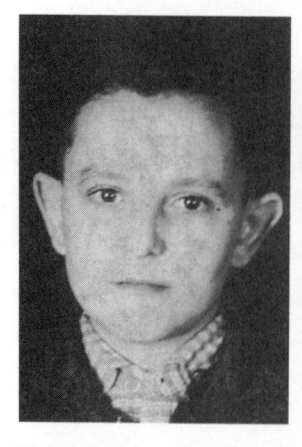

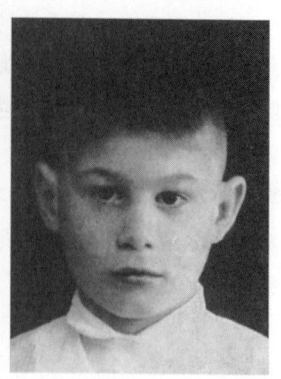

眼という受容器は頭脳ゾーンで外界との交渉を主とする部位であるが，それが「開いている」か「閉じている」かは，知的能力の評価にたいへん重要な意味を担っている。ここには対照的な2人の写真がある。左の少年は均衡ある顔立ちをもつ頭脳拡張タイプであり，世界へ向けて大きく開かれた眼をもっているので，外界との知的な交渉が良好なことがわかる。これに対して右の少年は目と目の間が狭く，眼窩内へ落ち込んでいるので環境刺激の受容性は平凡なレベルにとどまると見られる。

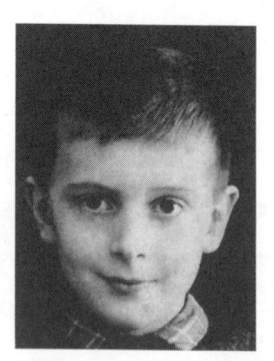

図34　視線（受容器の開放と閉鎖）

　ここには2人の，どちらも知的才能にたいへん恵まれた子どもの写真がある。その相違点を分析してみよう。少女（左）では額は平均的でよく発達しており，下段（眉のふくらみ）のほうが上段よりも広くて，この構造が大きく見開いた眼とあいまって，彼女の知能を具体的，感覚的，直観的なものと教えてくれる。少年（右）では特徴の繊細さが眼を引き，生き生きした感受性を示唆する。加えて，額が大きく，最上段が最も広くて，現実との感覚的な接触よりはむしろ思弁的な知能が優位であることを教えてくれる。

図35　額の2類型の分析

第6章

相貌心理学と性格学

　数多くの性格の変異を，ごくわずかの類型に還元しようとする試みはどんな時代でも行なわれてきた。その類型は，よく見られる行動傾向や感情や生き方を表わすものと見なされる。そのような見方の利点は，ある人の性格を性格学の類型に帰着させることができれば，それによってその人についての可能な限り完全な知識が得られるということである。それには不都合な点もある。すなわち，その人を固定させてしまい，その行動傾向や感情の根元にある活力を誤認する大きな危険があるという点である。こうした不都合を除外するために，相貌心理学では，その基礎を**類型**の静的な記述に求めるのではなく，すでに述べてきたとおり，拡張と保守との結合作用である生命の活力についての深い理解のうえに置こうとしたのである。

　私たちの時代に最も正しく受け入れられた**性格学**はといえば，それはエーマンとル・センヌ（Heymans–Le Senne）のものである。ここでは**感受性**と**活動性**という，以前の性格学が多く使っていた，たいへん古い概念を再利用しているのだが，そこへ**応答性**という，ただたんに斬新なだけではなく，たいへん重要な概念を追加したのである。

1. 構成要素の特性

　このル・センヌにとっては，**活動性**（A）と**感情性**（E）（後述の理由により，私としてはこれを**感受性**と呼びたいのだが）は，生得的に固定され，後に修正のきかない，構成上の要素的特性なのである。**応答性**というのは，環境から受ける刺激に対して個々人が反応する様式のことであり，1つの様式は，刺激に対して即刻，衝動的に反応する**即時型応答性**（P）であり，もう1つは遅

延して反応する**遅延型応答性**（S）である。この応答性ということもまたまったく同様に，生得的に固定された特性とされている†。

> † 「応答性」については，原書では，反応しやすさの程度によってretentissement primaireとretentissment secondaireに二分している。これらは一次的応答，二次的応答と直訳することができるが，具体的な意味をくんで即時応答，遅延応答と意訳している。ただし，略号を括弧内に表示するときは原書どおり（P）と（S）を用いている。なおコルマンの別の翻訳書（『相貌心理学序説』，須賀哲夫・福田忠郎（訳），北大路書房，2005）では，即時に反応するタイプを「応答型」，生命力を内側に蓄積して集中するタイプを「集中型」としているが，これらは本書の即時応答型，遅延応答型に対応するものである。

この生得的固定の主張にはある程度の真理があり，性格の構成特性が個々人の顔立ちに刻印されていることは後述のとおりである。しかし，このような絶対的な性格という考え方については批判しなければならず，人格についてのより動的な考え方，環境との交渉を通じて進化変貌し得る人格という考え方に合わせていかなければならない，と考える。

私は既出の著書＊で，**即時型**と**遅延型**はそのまま支持するわけにはいかないことを論じた。つまり，もし即時型と遅延型の統合型を認めることができるとすれば，即時型と遅延型の区分は病的に極端な不均衡状態でしかなく，よい適応とは２つの応答型が共存していて，簡単な事態では即時型応答で，困難な事態では遅延型応答で応じている，ということになるからである。

＊ *Manuel De Morphopsychologie*, t. II : *Synthese des caracterologies*, Ed. Stock, 1957.

同様な意味で，私はエーマンとル・センヌの情熱型という概念についても批判してきた。情熱型は**活動性―感情性**に富み，遅延的な応答性の性格とされるのであるが，もしそうならば日常のささいな状況に対する**応答性**が遅延しがちになり，この型の個人の日常行動の定義に矛盾が生じることとなるであろう。ここでも私は，この類型が即時性と遅延性において，同時に強い値をもっていると論じたのである。

エーマンとル・センヌ性格学について，これ以上くどい議論をするのはやめておく。以下ではただ，その性格学の構成特性と相貌心理学的な構造との間に，どのような対応関係があるかを示していくことにしよう。

■感情性

感受性または**感情性**（E）とは，環境の影響が生体をどれほど強く揺さぶるかについての評価である。刺激と興奮がちょうど対応するような場合を平均的感情性（人々の平均値で定義される）と見なし，それが小さい場合は弱い感情性（ル・センヌではnEと表現），興奮が強い場合は強い感情性（ル・センヌではEと表現）と考えることができる。

相貌心理学的には，感情性は神経の興奮しやすさに結びつけられ，それ自体は生体構造の機能である。糸をつまんで移動させるためには太い綱を移動させるほどの力がかからないのと同様に，同じ環境刺激でも身体構造が軽ければ軽いほど快活に反応できる。実際，よく知られているように，華奢なもののほうが頑丈なものよりも可動性が高く，サラブレッドの細い脚のほうが農耕馬の太い脚よりも加速性がいいのである。

感情性（E）はこのようにして，細い骨格，華奢な筋肉，ほっそりした顔立ち（図36，左）など，構造の繊細さとして客観化される。

弱感情性（nE）†は逆に，厚みのある骨格，太い筋肉，いかつい感じの大きな顔立ち（図36，右）など，重たい構造で客観化される。

† 原著の語は non-Émotivitéであるため非—感情性と訳すのが適正と思われるが，刺激に対して興奮がないのではなく弱いと書かれているため，弱感情性と訳していく。同様にnon-Activitéを弱活動性と訳すことにする。

■活動性

活動性（A）は周囲の環境へ働きかける活動能力のことであり，活動作用の力の値で評価できる。そして力には2つの要素があり，1つは力の強さ，もう1つは力の持続性である。

相貌心理学的には，**活動性は生命の拡張**にあたる。したがって活動性の顔立ちは大きくて肉付きがよく，すべての部分の肉付きが力感的である。この力感は受容器部位で見ると，まっすぐ直線状をなし，しばしば末端で立ち上がり気味になる（たとえば半微笑時には活発に動く口唇の端が持ち上がる，図37，左）。

逆に，弱活動性の顔立ちでは緊張が感じられない。肉付きは柔らかく，力感のない起伏があり，受容器部位には力の乏しい感じがただよっている（図37，右）。

性格学の構成特性は相貌によって簡単に求められる。
　感情性（E）はかたちの繊細さで客観化され、からだの骨格と筋肉はか細く、顔立ちは細くとがっていて、小さな刺激にもよく反応する繊細な受容器をもつ。
　弱感情性（nE）では逆に、からだの各部位は固く顔も肉厚で重たい感じで、反応性のにぶい肉厚な受容器を持っている。

図36　感情性（E）と弱感情性（nE）

　活動性（A）は短かい顔で、力感ある肉付きと力のみなぎった受容器の特性で客観化される。この力感的特質が顔立ちの3つのゾーンのどの部位に現われるかによって区別が生まれる。左図では3つのゾーン全体に影響している。
　弱活動性（nA）は、長頭で無力な感じの肉付きと力感の乏しい受容器で客観化される（右）。

図37　活動性（A）と弱活動性（nA）

■応答性

　感情性が刺激に対する生体の知覚の鋭さを表わすものとすれば、活動性はそれにどれほどの力で反応するかを表わすが、反応の記述を完全にするために

は，さらに興奮と反応までの時間の長さについて知ることが必要である。

応答性とは，活動が短絡的で，刺激への反応がほとんど即時的であり，あらゆる刺激に対して常に応答可能で興奮に何のブレーキもかからずに伝わっていくということである。もちろん刺激が常に外からくるとは限らず，主体内の深いところにある傾向により喚起されるということもある。この衝動的な，あるいは即時的活動の主体の特性を**即時型応答性**（P），またはたんに**即時型**と呼ぶ。

ある場合には反対に，長回路的活動で，刺激による興奮が生体内にとどめられ，刺激への反応が抑止効果により後れがちになることがある。これを**遅延型応答性**（S），またはたんに**遅延型**と呼ぶ。

相貌心理学的には，即時型と遅延型の対比は**膨張タイプと縮小タイプ**，つまり，世界に向かって開いたタイプと閉じたタイプの対比である。そしてここでもまた同じことがいえるのだが，適応という点では，均衡のよさは中間型の膨張―縮小タイプと即時―遅延型，つまり，状況しだいで即時型とも遅延型ともなることのできる主体ということになるのである。性格学の質問紙法（これはル・センヌの類型判断で用いられた方法である）で「解決を要する問題があるとき，あなたはすぐ決断できるかそれとも時間をとって十分に考えるか？」と質問されたとすれば，最も適応的な応答は「場合による」ということになるであろう。もし，慣れてよく知っている問題ならば決断は早いだろうし，逆に，新しい問題ならば十分な吟味時間を確保するため，決断は遅れることになるであろう。

2．感情性（E）と活動性（A）の組み合わせ ― 一般的な4類型

人が環境と関係するうえで不可欠の器官である神経系は二極構造を有していて，1つは感覚受容器，他の1つは活動へとつながる運動器官である。

受容性と活動性とは世界とかかわるうえで不可分の両極である。ひとたび受容されて興奮が生じると神経回路を伝わり，運動神経に写像される。これはいわゆる原始的反射弓である。私たちの外界との関係は総体としてこの単純な反射弓の増大，それが複雑化されたものに依拠している。環境は興奮ということ

を通じて人に影響を及ぼし，活動性によって人は環境に作用する。

　ところで，感情性（E）と活動性（A）という2つの要因をもとにして，その単純な能力の和として人の性格を構成できると考えることはできない。たとえば，活動型という類型の弱感情性・活動性（nE-A，下では純粋活動型）を理解するには，活動性大という特性と感受性小という特性とを足し算すれば十分だ，というわけにはいかない。能力の足し算ではなく，それを合成することが必要になる。というのは，それらは相互に影響し合い，修正を加え合うものだからである。各々の要因を1つひとつ孤立させて考えてはならないのであって，対極にあるものを連関させ，能力の対として考えなければならない。そこから，次に示すような，よく知られた4類型が定義されることになる。

　　感情性・弱活動性（E-nA）　　：　純粋神経過敏型
　　弱感情性・活動性（nE-A）　　：　純粋活動型
　　感情性・活動性（E-A）　　　　：　神経過敏―活動型
　　弱感情性・弱活動性（nE-nA）　：　無力型

　感情性（E）と活動性（A）との連合からどのような心理学が導かれるかを理解するうえで，以下のことは重要である。

　感情性（E）は活動性（A）と合成されることにより掛け算の乗数のように作用して反応を増大させ，本来の性向と外的出来事の力を増大させることになる。感情性（E）は駆り立て，激化させ，活性化する要因となる。障害物が生じると，感情性（E）はそこで作用し得る力を最大限度まで広げるものとなる。しかし感情性（E）は，力の総量まで増やすことはもちろんできない。力の貯蔵量は，生命力総体で決まっているからである。したがって，強い反応を引き起こされると，感情性（E）は生体の余力を消耗させることになり，消耗の果てには代償としての休息が必要とされるにいたる。したがって，感情性・活動性（E-A）の類型では上昇と下降の不規則な活動リズムが生まれることになる。感情性（E）が相対的に支配的になればなるほど不規則性は増していき，感情性・弱活動性（E-nA）の類型で頂点に達することになる。これはすでに述べた即時応答型の条件でもあったことを思い出すことが必要であろう。即時応答型はまさしく，この類型に対応しているのである（第4章参照）。

他方，感情性（E）は環境刺激への受容性であるから，受けた刺激の方向に活動を向け，その活動に人間らしい目標を与えて，「社会化」するものでもある。

 逆に，たとえば純粋活動型（nE-A）のように感情性（E）が弱い場合，活動性がもっぱら支配的要因となる。この場合一方で，活動は刺激がなくても生まれ，感受性の働きや外的出来事の影響なしに生じるので，たいへん規則的なリズムを示す。他方で，活動性は環境に影響を与えるが，環境からの応答はない。したがってこの型の場合，環境を支配し，しかもその支配力は多少とも粗暴である。他者やその欲求への配慮なしに，活動が遂行されることになる。

 活動性（A）は感情性（E）と合成されて，受け取られた印象を実行エネルギーへと変換する。感情は感情性（E）によって生き生きするが，また活動性（A）によって力を与えられる。感情が生き生きとして強いのが情熱というものであり，感情性・活動性（E-Aは，EとAがともに高い値をとる）類型を**神経過敏―活動型（情熱型）**というのである。

 同じことだが，活動性（A）は感情が性格をすべて支配することを妨げるので，**神経過敏―活動型（情熱型）**は情熱を統御することができるか，または情熱を充足させながら方向づけるのである。

 それに反して，活動性（A）が弱く特に神経過敏型（E-nA）の場合，第1に環境の影響を大きく受けて，感受性衝動やそのもととなる外的出来事に従属してしまうのである。

 第2に，この型は刺激の影響がなければ動こうとしない。刺激が消失するや動かなくなり無為に立ちもどってしまう。その活動は**活動型**のような広がりをけっしてもつことがなく，限られた範囲に閉じ込もり，想像力がもたらす壮大な夢想を考えては常にしり込みしがちになるのである。

 第3に，活動型の場合，感覚印象はそれが引き起こす活動によって解消されてしまうのだが，神経過敏型では解消されることなく，生体内に滞って混乱をもたらす。私たちはここに，感情状態ということの正確な定義を求めることができる。感情（情動）とは，活動によって解消されない感覚印象のことなのである。したがって神経過敏型（E-nA）の性格を感情的気質とするのは正鵠を射たものであり，ル・センヌはその点で正しいのであるが，情熱型（E-A）も

感情型であるとするのはまちがいなのである。なぜなら活動性（A）が強い場合，その強さは活動することによって感覚印象が感情のなかに滞留しないように作用するからである。

3. 感情性（E）と活動性（A）および応答性（P/S）の組み合わせ ― 8類型

感情性（E）と活動性（A）についてと同じように，応答性についても合成を追求しなければならない。上述の4類型の各々が，**応答性**の**即時型**（P）と**遅延型**（S），つまり世界に対する開放性が支配的かそれとも閉鎖性が支配的かということによって，心的生活の**外向性**と**内向性**による区分が生じる。

どの類型にも**応答性**の高低による2つの変種があることから，ル・センヌ**性格学**の**8類型**が導かれることになる（下には，必ずしも適正な名前ではないかもしれないのだが，この性格学で使われる名前が［　］内に表示されている）。

感情性・弱活動性・即時型(E-nA-P) ：外向性[即時的]神経過敏型[神経質型]
感情性・弱活動性・遅延型(E-nA-S) ：内向性[遅延的]神経過敏型[感情型]
弱感情性・活動性・即時型(nE-A-P) ：外向性[即時的]活動型[多血型]
弱感情性・活動性・遅延型(nE-A-S) ：内向性[遅延的]活動型[粘液型]
感情性・活動性・即時型(E-A-P) ：外向性[即時的]神経過敏―活動型[興奮型]
感情性・活動性・遅延型(E-A-S) ：内向性[遅延的]神経過敏―活動型[情熱型]
弱感情性・弱活動性・即時型(nE-nA-P)：外向性[即時的]無力型[不定形型]
弱感情性・弱活動性・遅延型(nE-nA-S)：内向性[遅延的]無力型[無感動型]

性格類型を決定するのにふつうに使われる方法は，前述のとおり質問紙法である。これは実験参加者に質問への反応を求め，その答えによって自分の性格を定義するように導く方法である。この方法が前提にしている条件の不確実性について，これまで私はくり返し強調してきた。まず第1に，実験参加者は自分自身について知っていて質問に対して正当に答えることができるという前提，第2に，実験参加者すべてが検査者の質問を正しく意図どおりに理解できるという前提，第3に実験参加者がみな誠実で答えを偽造したりしないという前提，これらはどれもみな不確実な前提である[†]。

† ここに指摘された問題は重い意味がある。実際に警察や裁判所，税務署などでは，質問—応答による本人の申し立てだけでは信用できないとして，客観的証拠の提出を求める。

ともあれ子どもの場合，質問紙は役に立たず，これに代えて，さまざまな状況における子どもの行動を調べることが必要となるであろう。これは心理学者の仕事としては過大でできそうにない。

顔立ちの診立てで性格をみる相貌心理学はこれを解決するものである。なぜなら前述のように，顔立ちを調べることによって子どもの性格型を決定することができるような，精密な対応づけが示されていて，しかも他のどんな方法によるよりもはるかに早くはるかに確かに決定できるからである。

たとえば，**即時的神経過敏型**（ル・センヌのE–nA–P，**神経質型**）の顔立ちは次のようになる（図38）。

①感情性（E）の特徴：繊細な目鼻立ちのか細い顔
②弱活動性（nA）の特徴：感覚受容器は沈み込みがちで，幅の狭い無力な肉付きの顔
③即時性（P）の特徴：拡張して開いている受容器部位

遅延的神経過敏型（ル・センヌのE–nA–S，**感情型**）も上の特徴の①と②については同じだが，額の縮小と受容器の閉鎖が異なる（図39）。

2つの感受性について定義した対比関係，外部の人と物に向かって開いている拡張型感受性と，自分自身へ屈折していて選ばれた一部の外界以外には閉じられている保守型の感受性の対比が，ここでも見出されるのである。

上に述べた即時応答性（P）と遅延応答性（S）の2つの類型では，感受性が性格を支配してあらゆる行動に顔を出す。このような考え方は一般化することができて，他の構成要因，すなわち活動性，応答性でも同じようにいえるのである。顔立ちからこうした特性の値の高低が判明する場合，そこから何が推測されるか，とりわけ知能の評価がどうなるかということが重要な問題となる。

この大きな問題が多くの性格学の著書では見逃されており，この欠陥は重大である。というのは，どのような知能水準のものであろうと，その能力が感情性（E）や活動性（A）によってどのように影響され得るのかということを知

第Ⅰ部　相貌心理学からみた子どもの発達

　神経質型は感情性・弱活動性・即時性（E-nA-P）の性格タイプなので、その顔立ちは感情性（E）により繊細で、即時性（P）により受容器開放型であり、弱活動性（nA）により筋緊張が欠如している。
　この3つの特徴は、左において最も顕著である。中央では活動性（A）の値がかなり高いので、一般的均衡が比較的高く活動性（A）の値の高さによる補償があるため、神経質―半興奮型と規定される。右では額の張り出しによる別の補償があり、遅延性要素が介入してきて、神経質―半感情型と見なせる。

図38　神経質型

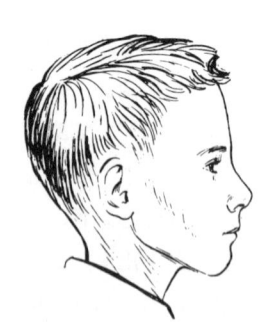

　感情性・弱活動性・遅延性（E-nA-S）タイプの感情型の顔立ちは、感情性（E）により繊細であり、遅延性（S）により受容器が閉じ気味で鼻脇前面縮小が見られ、弱活動性（nA）により無力型である。
　左の少女が優しい感情の持ち主であることは鼻、口の肉付き、眼の表情でわかる。
　中央の少年は想像性が強く現実性の乏しい思考型である。
　右の少女は頭脳―本能ゾーンが支配的で感情ゾーンに強い縮小が見られる型であり、この場合、活動性（A）による補償があるので、感情―半情熱型と見られる。

図39　感情型

ることは重要なことだからである。

感受性と知能

　感受性は，環境刺激の取り込みに寄与するのであるから，それが知能において一定の役割を演じていることに議論の余地はない。そのおかげで知能は物の存在との関係をもつことができるのである。この関係は感受性の程度によって影響されるのだから主観性の強いものである。しかし大まかにいえば，**感情性（E）の要因が強すぎても弱すぎても等しく世界を知るうえで不利になる**といえるのであろう。実際これまでしばしば述べたように，私たちはあまりに親密な人や物についても，またまったく未知の人や物についても知ることはむずかしいものである。たとえば，自分の両親や子どもたちを客観的に判定することはあまりにも親密すぎてむずかしいものである。また逆に，まったく無関係の人についても，なんらの共感的関係もないために，やはり知り得ないのである。

　したがって，もし感情性（E）が支配的だと，子どもは刺激によって圧倒されてしまう。子どもは小さな物事にも強い印象を受けて，重大なものと思い込むことになり，状況の本質を見損なう。そうなると，考えることは感情の呪縛から逃れられなくなる。欲求，恐怖，情動，情熱，すべてが分別を失わせるのである。

　反対に，感情性（E）があまりにも弱い場合，主体は受容性と理解力が不足し，精神は冷め，感情の支配を受けないで，世界との接触に欠陥が生まれる。この感受性不足は，ある範囲までは，大人になってからの商売や科学の分野で，物事を客観的に知るということに困難をもたらすことにはならないかもしれない。しかし生活や人間関係においては，この冷めた精神は感受性だけがもたらし得る直観的理解の欠如によって理解力が欠けることになる。感情性（E）が大きすぎる場合，芸術分野へ進むことになりやすく，感情性（E）が小さすぎる場合，商業や科学分野へ進むことになりやすいということは，このような意味合いによるのである。

　もう1つの問題は，主体が感受性に縛られて支配されているか，それとも，主体が感受性を支配しているか，という点である。これは性格の調和という本

質的な問題であり，これについては第Ⅱ部で論じることになろう。実際，パーソナリティは，その諸要素を別々に分析しただけで知ることはできない。前述のように，**要素の統合**，要素間の多少とも調和した均衡こそが重要なのである。したがって，子どもの感受性が強いか弱いかを知ることよりも，どの程度子どもが感受性を統制できているかを知るほうが大切である。もし子どもが感受性に支配されてしまっているならば，その考え方は客観的ではあり得ず，その知能の値は平凡の域を超えない。反対に感受性を支配しているならば，感受性が強く生き生きしていても，多くの情報をものにして思考を豊かなものにするであろう。

こうした統御の実現に役立つ要因のなかで，**内向性（遅延性）**と**頭脳ゾーンの拡張**の2つが特筆に価するものである。ル・センヌのE-nA-Pの**神経質型**は出来事の刺激印象を強すぎるほど受けて，そのために冷静さを喪失する。逆にE-nA-Sの**感情型**では，内向性（遅延性）の落ち着きを促す作用によって感受性への有効な修正作用が与えられる。たとえば，何か劇的な状況による不安が生じると**神経質型**ではどうしようもないようなパニックに陥るが，**感情型**では抑制されて内部に取り込まれることにより，支配しやすくなるのである。これはもちろん刺激が強すぎないことが条件であり，抑制が生じ得る限りのことである。

他方，**頭脳ゾーンの拡張**は知的な過程を人格の支配下におくので，感受性への刺激印象をその分だけ軽減することができる。もちろんこの作用もまた，頭脳ゾーンの拡張ならすべてよいのではなく，あくまで制限的拡張であることが好ましい。

■活動性と知能

感情性（E）は知能に豊かさをもたらすが，活動性（A）が知能にもたらすのは力である。

相貌心理学的に，活動性の程度というのは，1つは顔の幅の広さ（四角形または丸型）の関数であり，もう1つは肉付きの力強さ（力感）および受容器の張り具合（緊張度）の関数である。

E-A（興奮型および情熱型）では，図40に見るように，これら2つの要求の

感情性・活動性・即時性（E-A-P）の興奮型は，活動性（固い構造と力感的肉付き）の特徴と同時に，感受性（受容器の特殊な繊細さ）および即時性（開いた受容器と額の傾き）の特徴とを合わせもつ。

　感情性・活動性・遅延性（E-A-S）の情熱型は，活動性ならびに感受性の同様の特徴に加えて，遅延性（S）により，受容器の閉鎖性と縮小による横顔の線の垂直な額，という特徴を示す。この型の完全な顔立ちだと，起伏縮小タイプとなってたくさんの凹凸を呈するのだが，幼い子どもではそれはまれである。

図40　興奮型と情熱型

間に均衡がある。

　①外枠の広さは平均的（楕円形または長方形の顔）
　②力感のある肉付きで平たい顔または感受性過敏型のくぼみあり
　③力感のある繊細な受容器

　弱感情・活動性のnE-A型（多血型および粘液型）では図41に示すように均衡がやぶれ活動性（A）が優位になる。

　①外枠は大きくどっしりしている
　②肉厚く，力感のある肉付き
　③構造のしっかりした分厚い受容器

　知的な過程に及ぼす活動性の影響を評価するためには，**精神の領域**における力の意味合いが2つあることを考慮しなければならない。第1は**知覚と思考の正確さ**であり，第2は**考えを活動のなかに生かしていく能力**である。
　ここでも均衡が成り立っているかどうかを知ることが大切になる。そしてもし活動性（A）が過剰であったり不足であったりすれば，均衡は成り立たな

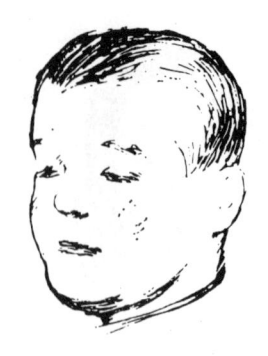

これらは多血型と粘液型によくある顔立ちである。
　弱感情性・活動性・即時性（nE-A-P）の多血型は，その力感的な目鼻立ち，強い顎（活動性A），開いた受容器と額の傾き（即時性P），それに受容器の肉付きのよい重量感（弱感情性nE）が目立つ。
　弱感情性・活動性・遅延性（nE-A-S）の粘液型も重量感と力感の特徴は同じであるが，額の縮小と隠れがちな受容器に遅延性が出現する。

図41　多血型と粘液型

い。
　活動性（A）が過剰の場合，知能は受容性の点で不足を抱えることになる。というのは，受容性は感情性（E）によって規定されるものだからである。たとえば**多血型**（nE-A-P）や**粘液型**（nE-A-S）がそうである。活動型は常に人，物，出来事へ働きかけるのに忙しく，それらから影響を受けるいとまがない。活動に絶えず忙殺されているので（「**仕事だ仕事だ**」），周囲のこと，人，物，話には，それがよほど役にたち，利を生むものでない限り興味を示せないのである。こういうタイプの関心は数字や量，効率に向かうようになる。
　神経質型や感情型のように活動性が足りない場合（nA）は，結果として知覚がぼやけたり，言語が明瞭さを欠いたりすることとなる。その代わり想像力は自由な活動の場を得る。弱活動性（nA）であることにより，夢，空想に熱中し，あらゆる物事について，一種のもやのようなもので輪郭をぼやかして，神秘とあいまいさでくるんでしまう。彼らの精神は実践性の乏しいものとなる。しかし注意すべきは，条件に恵まれた場合，この直観的な能力が有利となるのであり，他方，活動性（A）の強い型は，論理的な精神に恵まれ直観を犠牲にするのである（図42）。
　活動性がもたらすもう１つのものは，すでに示唆しておいた実現力である。

活動性は顔立ちの上では縦が短く、力感的肉付きに現われる。逆に弱活動性（nA）は長めで無力な肉付きとなり、無力性が高いほど長い顔なる。即時型遅延型の差異は小さく、即時型のほうが受容器の開きと額の傾きが大きいこと、逆に遅延型では右の横顔で見るように額が立っていることが特徴である。

図42　不定形型と無感動型

　弱活動性（nA）の型では、考えはいつも夢や願望の域を出にくい。しかし、活動性（A）の型だと考えが行為のなかに現実化される。したがって、パーソナリティの力はこうした感情性（E）の値の大きさに加えて活動性（A）の値の大きさの関数になる。というのは、刺激印象の強さは仕事の豊かさを培うものだからである。それについては、**即時型**（ル・センヌの**興奮型**）と**遅延型**（ル・センヌの**情熱型**）の比較でも見ることになる。
　また、感受性の場合と同じように、主体が活動性を支配しているのかそれとも支配されているのか、ということが問題となる。そして**応答性**と**頭脳ゾーン拡張**の影響を再発見することとなる。**即時型**の場合は、活動性があふれるばかりである。というのは抑制されることがなく、環境の誘いのままに発散されるからである。**遅延型**では反対に抑制が働いて、自発的な活動の発現をおさえ、活動は特定された目的のときのみに集中する。
　頭脳ゾーン拡張ということが思考に対して生命力を吹き込む影響についても、同様なことがいえる。これについては、ル・センヌ性格学の欠陥を強調しておかねばならない。ル・センヌでは感情性と活動性がまったく一般的な特性とされ、なんらそれ以上特化されないのである。しかし私の場合、顔立ちに3つのゾーンを区別しており（第Ⅰ部第3章参照）、そこから活動性がそれらの

幼児の顔はみな丸型である。成長し運動器官が発達するにつれて、身体が「大人びて」顔も長くなる。しかし最適限度以上に長くなると、力強さが無力性に席を譲るようになり、その傾向は肉付きの柔らかさ、顎の未発達となって現われることに留意しよう。ここではその対照が示されている。性格学では前者は興奮型（感情性・活動性・即時性：E–A–P）であり、後者は無定形型（弱感情性・弱活動性・即時性：nE–n A–P）である。

これと同様に、身長が大きい場合、筋肉が発達しているのは頑健であり、筋肉の乏しいのがひ弱であることはいうまでもない。

図43　力感型と無力型

ゾーンとどのようにかかわるのか問わなければならないのである。この問題への相貌心理学の答えは以下のようになる。筋肉の力感的構造があらゆる部分に等しく影響を与え、本能、感情および頭脳など、あらゆる精神活動にその刻印を刻む場合が確かにある。もっとも、この影響が特定ゾーンに局所的に限られている場合もあり、その場合、どのような行為の実行にかかわるかが特定されることになるであろう。たとえば頭脳ゾーン拡張型で、もし力感的肉付きが顔の最上部に特に影響を与えているとするならば、活動が最も顕著に表われるのは思考の分野であり、知的なことの実行というかたちで表われることになる（図43）。

■応答性と知能

応答性は、人格全体を外側の世界へ向かわせるか（即時性—外向性）、あるいは内側の世界へ向かわせるか（遅延性—内向性）の要因であり、知能についてもまた同様の方向づけ要因となる。伝統的な心理学からすれば、このように世界に向かって開くべきか閉じるべきかを定め、それを人格全体に与えるもの

が知能であると考えたくなるところであろう。しかしそれは違うのであり，知能は，無意識的な生命の活力というべき（拡張性と保守性という2つの）最も原初的な本能に従うものにすぎない。そして**拡張本能は即時性を規定し，保守本能は遅延性を規定する**のである。

　相貌心理学には，顔立ちの診断によって応答性の値の高さを決定することができる証拠がある。

　即時応答性は，外枠の膨張型形態および感覚受容器構造の開放性となって表われる。

　遅延応答性は，逆に外枠および受容器ゾーンの閉鎖性，縮小性となって表われる。

　2つの傾向の間の均衡は，すでに見たように，**膨張―縮小型**を生み，波状型または起伏縮小型の肉付きや顔の前面縮小タイプとなって表われる。

　個人の知能水準がどれほどであろうとその考え方の様式は応答性で決まる。

　即時型は世界と直接に接触し，人，物，事実，流行りの思想と直接触れ合う。つまり，無媒介の印象に頼り，感じるまま，見たまま，聞いたまま，触れたままに直接に物事を把握する。解決を要する問題があると直観的な勘が働き，すぐさま解決策を出してみせる。それは当たっていることもまちがっていることもある。もし一発で答えが見つからないとすると，理詰めで考えて解に到達することはあり得ないことになろう。

　どうかすると彼らのものは知能ではなく本能，本能的な勘なのではないかということになる。そしてそれは正しいのである。ある哲学者によれば，考えるというのは内省のための時間をつくるべく「話したり動いたりするのを控えること」であるとするならば，即時型はまず考えることはしない。彼らはむしろ生きて感じるにとどまる。というのは，彼らにとって適応することはまったく簡単なので解くべき問題などは1つもないし，絶えず外向きに動くので話と活動を控えることなどあり得ないからである。

　年齢からして即時性に支配される子どもたちにほとんど必ず見られる事実は，自分を意識することは自分を外側へ表明しようとするときに限られる，ということである。子どもたちが自分の考え，意見，感情を意識するのは，それを表明するときだけなのである。ほんの一瞬前には自分がそれをもっていたこ

とを気づかずにいるのである。ある典型的衝動型の少女は，あるときあまり短気すぎることを諌められ，話す前に少し考えるようにすすめられてこう応じた。「だって考えるためには話さなくちゃ」と。

　即時型は現実家で，見えるままの世界の現実を信じる。では世界をどのように見るのか？　それは，自分が属している集団と同じやり方で見るのである。すべてのもの，すべてのことを慣習的によく言われる定説どおりのやり方で見るのである。それゆえこの型の子どもたちは，学校や家庭で教えられることに満足する。また彼らは現在に生き，現実に生き，時代の風習に従順に生きる。彼らには問題などない。というのは，すべての問題は解決済みで，慣例と風習はその解決例だからである。考えたり内省したりするのは余計なことである。感覚的直観を磨き，できるだけ完全に今生きている環境に合わせればよいのである。

　これらすべてには利点があり，この種の子どもたちのしなやかさとすばやい適応力を極大にし，わけても実践的思考において意義深い力をもたらすのである。

　逆に**遅延型**は，世界との接触を恐れる。そのことは強い防衛感覚に関係していて，主体を周辺世界から閉ざし，自分の内部へ屈折させる，ということをすでに述べた。

　思考という点からすると，このような態度は感覚の与える物事への体系的な不信をいだかせる，という重要な帰結を生み出す。この型の子どもたちはいわば観念論者で，感覚よりも思考に重きを置き，理性は感性よりも誤りを犯さないと思うのである。

　彼らはよく内省する。すべてのことは解決すべき問題なのである。ポール・ヴァレリーは「人はぶつかると考える」と書いた。これはそのとおりである。**遅延型**では，われに返らせてくれる衝突のたびに，まさにその結果として内省的な思考にふけるのである。

　現在への不適応のために，**遅延型**は実際への調整がつかない。彼らは行動の規則を過去や未来に探し求める。過去は記憶，未来は想像による。過去への探索はル・センヌの**感情型**で生じることで，彼らの場合，過去は未来より価値が高い。未来への探索は**情熱型**で生じることで，彼らの活力は未来へ投影される

のである。

　また**遅延型**は，定説を素直に受け入れようとはしない。どんな問題でも個人的に解を求める。彼らは生活世界への適応をたやすくしてくれるはずの世間共通の常識をもたない。夢想家または教条的理論派であり，このことにより，最も簡単な状況ですらしばしば不適応になる。論理の喪失，または論理過剰が現実から直接与えられる直観を奪ってしまうのである。

　以上の記述をどのように理解しようとも，これから推し測れるものは**知能の高さではなく，ただ知能の方向だけ**がわかるのである。せいぜいいえることは，すでに**膨張タイプ—縮小タイプ**の対比について述べたように，どちら向きでも行きすぎれば均衡が失われて凡庸な知能を生むということである。ここでも**即時型，遅延型**を問わず，最も有利なのは中間型である。というのは，2つの方向のおもむくままに進むことになり，そこに最も均衡ある知能が見出されやすいからである。

　上の記述は，本書の冒頭で**膨張タイプ**と**縮小タイプ**の対立を浮き彫りにするために述べたことと重なり，それを補完する役割を果たしているということに留意したい。

　以上，性格を構成する3つの特性とそれぞれの形態を述べてきた。これについては後に，第Ⅱ部でさらに詳しく顔立ちを描き出すこととしよう。

第7章 相貌心理学と精神分析

　精神分析学という学問，その出現まではだれ一人知らなかった無意識の生活の重要性について初めて解明したこの学問において，そもそも子どもを知るということがどういうものでなければならないかは，多言を要しないであろう。
　また，精神分析学は，人間という存在が形成されていくうえで経験が果たす役割をたいへん重くみる。それゆえ，発達過程を段階的に区切る出来事の役割について，さまざまな議論を重ねてきており，著作によっては，誕生時の子どもは加工前の蝋のようなもので経験の刻印が次々押されるままに残る，と考える研究者さえいる。
　しかし，多くの精神分析学者は生来の構造の重要性を強調し，子どもは生活体験する事柄をその子ども固有の感じ取り方で受け取ることができる，と考えてきた。この点でなお問題が残らないわけではなく，発達において最も重要なのはどちらなのか，体験する出来事のほうなのかそれとも子どもの生来の構造のほうなのか，相変わらず問うことができるのである。
　一例として，いわゆる**退行**ということを考えてみよう。子どもは，発達過程で何かの障害に出会って，それ以上進歩が阻止されるという困難に出会うことがある。そして，それが耐えがたい苦しみを招くことになるような場合，しばしば退行という防衛機制が作動し始める。これは，人格の発達過程を逆にたどってそのような障害がなかったころにもどることにより，環境との葛藤からくる苦しみを**事実上なくしてしまおう**とすることである。ところで進歩を妨げる障害が重大なもので，あらゆる子どもの生命力の拡張をブロックしてしまうほど大きい場合がある。逆に障害は軽微で，拡張傾向が弱い子どもでなければ退行を引き起こすまでいかない場合もある。後者の場合，退行の決定因は生来の傾向であるということになる。その場合，顔の形態から，その拡張傾向を診断

することによって，退行の原因は何かを決定することができる。たとえば極端な縮小傾向タイプの子どもは，十分な拡張を示す子どもよりはるかにたびたび退行を示すということになろう。

精神分析の文献では「生来の構造」の重要性が指摘されているのをしばしば見かけるが，どのようにそれが重要なのかを明らかにしないことが多い。せいぜい子どもが出来事にどのように対応したかを知ってから，事後的に，生来の構造が指摘される程度である。

顔立ちはこの面でも貴重な貢献をしてくれる。というのは，それは何かの出来事に対して主体がどのように反応するかを**予見**させてくれるからである。

1．エディプス期以前の顔立ち

精神分析では，子どもの発達はいくつかの段階に分けられる。本書で2つの原初的本能に基礎を据えて述べてきた顔立ちの発達段階は，精神分析の段階と対応づけられるものである。

受動的拡張は，精神分析学の口唇期に対応する。**能動的拡張**は，口唇サディズム期と肛門サディズム期に対応する。そして**制限的拡張期**は，排泄習慣の確立期およびエディプスコンプレックスの乗り越え期に対応しているのである[†]。

[†] サディズム期は，乳歯の生える前と後を区別して後者の段階をさす（精神分析事典　1997　アメリカ精神分析学会，B.E. ムーア・B.D. ファイン（編），福島章監（訳），新曜社）。

拡張本能の支配下にある発達初期は，ほとんど無意識的なさまざまの傾向による衝動的な生活と快楽原理に支配された段階に対応する。保守本能の作用が始まることは，とりもなおさず自我がその適応機構や防衛機制など統制の諸機構を具えて，作動し始める発端でもある。

精神分析学の概念の1つに，発達のどの段階であれ，その段階で発達が停止し，その段階で固定してしまうこと，つまり固着という非常に重要な考え方がある。その理由はその段階が子どもにとって満足できていつまでもそこにとどまりたいと望むことによることもあり，逆に，その段階で満たされずすでに失ってしまったものを取りもどそうとし続けるためということもある。たとえ

ば，子どもが口唇期に固着するということは，離乳を強いられずいつまでも授乳の快楽を受け続けるためにも生じ得るし，また，逆に，あまりにも早く離乳を強いられて欲求不満に陥ったためにも生じ得る。子どもが生命的拡張力に恵まれていればいるほど，それだけ受動的拡張期から能動的拡張期への移行はうまくいく。このような子どもの離乳はさしたる困難なしになされ得るが，拡張力の弱い子どもでは，どれほど細心の注意を払っても，固着を回避することができない可能性がある。

相貌学的にいえば，**受動的口唇期への固着は無力な縮小タイプ**に特に起こりがちで，このようなタイプでは外枠の口顎部が狭小である一方，口の受容器について見ると口は大きく唇が柔らかくて厚く開いている。

能動的拡張タイプの子どもたちは，運動的な活動欲求が強いので受動的口唇期を楽に乗り越えるが，**口唇サディズム期**および**肛門サディズム期**などの段階で部分的に固着しがちな傾向が目立つ。これは相貌学的には力感的肉付きで口顎部の部位の発達が際立った子どもたちである。精神分析学者のアレクサンダーは，口唇サディズム傾向の強い子どもたちでは咬筋の発達が著しいことを報告した。これは事実である。しかしこの報告は，一部分のみしかとらえていない。というのは，この型の子どもたちで発達が著しいのは咬筋だけではなく口顎部位のゾーン全体であって，大きな口が力感的肉付きでかなりの角度で突き出し，運動衝動やおそらくは攻撃性の強さを暗示するような様子を示しているのである。ここでもまたいえることだが，この段階への固着は環境条件により，たとえば排泄のしつけが誤った時期に行なわれるなどの状況によることがあるとしても，実際には，噛みぐせや排泄物で汚すくせが強かったり，また，弟妹が生まれた結果，きょうだい間の競争のようなある種のフラストレーションに対する攻撃反応が強かったりすることは，ある子どもたちだけが他に比べて強く示すということを認めないわけにはいかないのである。

ここでもまた，**膨張タイプと縮小タイプ**の対比は行動の相違となって観察される。膨張タイプは葛藤に対して拡張で反応する。フラストレーションがあると，膨張タイプは失ったものを取りもどそうとして激しく要求する。口唇期フラストレーションでは，ミルクや食べ物類への激しい欲求を示す。肛門期フラストレーションでは，糞便で自らを汚し，満足を得ようとし続ける。また，き

ょうだいフラストレーションでは，けんかをしかけて噛んだりぶったりする。**縮小タイプ**はこれとは対照的に，自分のなかに引き込もり，隠れる。**膨張タイプ**が大食のときに**縮小タイプ**は拒食になり，汚れるはずのときに便秘になり，きょうだいへの嫉妬は，相手から遠ざかり無視するという仕方で現われるのである。

制限的拡張は保守する力の表われであり，精神分析学における**自我**の構成に対応する。自我という人格要素は，本能傾向を現実へよりよく適応するために統制する機能を担うものである。精神的な均衡がこれに依存するのは当然のことであり，私たちは精神分析学を通じて，衝動と自我の間にほどよい妥協が成り立っていることが，いかに重要であるかを学ぶことができる。精神分析学者たちは，このような均衡は**抑圧**ではなく**昇華**ということによって最もよく実現されると考えた。抑圧というのは多くの病理的障害の原因となるもので，自我が衝動を支配して抑え，行動となって現われるのを妨げたり無意識の底に押し込めたりして人格の活動から生命力の発露を奪う，ということをさしている。逆に，昇華という過程は，衝動そのものは保存されたまま，自我によって，共同生活とよりよく一致する社会化された仕方で利用されることをさしているのである。

この２つは，しばしば顔立ちによって区別できる。**前面縮小**によって均衡のとれた構造は，保守の力が拡張の力を制約している。そして，その程度に応じて子どもは，衝動を支配して昇華することができているのである。

逆に**縮小タイプ**においては，保守の力の支配が強まるにつれ，本能活動の抑制が抑圧にまでいたることになり得る。さらに進んで，抑圧はしばしば自我による**反動形成**といわれること，すなわち，禁じられた本能傾向の抑制をより徹底するために，自我がそれとは反対の傾向をもって意識的に置き換えることもしばしば生じる。たとえば，口唇期の激しい要求を拒食に置き換えたり，肛門サディズム期の潔癖さを糞便まみれに置き換えたりするのがこれである。

この場合もまた，反動形成が生活経験上の出来事や厳しすぎる教育などで生まれるということがあり得るため，そのような例はすべての顔の形態で観察され得ることとなる。

しかし，早期に現われて性格に影響を与えるほどに深刻な反動形成というこ

とになると，それは生来の傾向に由来しており，特に際立った縮小の目鼻立ちにより顔立ちにも表われると考えるほうが正当であろう。

たとえば肛門サディズム期に潔癖，整頓，規則遵守のような反動形成が生じるとすると，それは薄い唇となり，きつく閉じられていているためにもはや唇が見ることもできないほどになる（「稲妻型に引き締まった口元」）。こうした相貌は残忍さを示し得るものである。そのことは，精神分析学ではよく知られたことなのだが，サディズムが抑圧されるとしばしば迂遠な遠回りをして表現される，ということは注目すべき事実なのである。

2. エディプス期の顔立ち

身体構成の特徴を表現する一端として，顔立ちはまた，子どもたちがエディプス期をどのように経過するかについての理解に対しても貴重な示唆を与えてくれる。

まずここでは，児童期やもっと後の時期についても，男女両性を対立的に分けることはできない，ということを考慮しなければならない。どの子どもも自分自身の性だけでなく，反対の性に付随する傾向をも部分的には明らかに分けもっているのである。たしかに子どもは器官解剖学的には誕生時から男または女であり，また，教育がその生来の傾向を強めるねらいをもつかのようになされることも知られている。しかしこの過程は完成するまで一朝一夕ではいかず，成人するにいたるまでも，どの子どもにも反対側の性的要素が大なり小なり表われるのである。

そのことが，次に示すように，エディプス期の経過を複雑化する。周知のように，子どもが家族内で必ず体験する葛藤があり，それをフロイトはエディプス・コンプレックスと名づけた。その葛藤とはとりもなおさず，自分と同性の親と対立し，また，異性の親に対しては優しい愛情をいだいてその好意と恩恵を独占したいと望むことにほかならない。エディプス・コンプレックスは青年期までに乗り越えられなければならず，家族とは異なるところに，対立対象および愛情対象を求めていくのでなけらばならない。**乗り越える**というのは**昇華**することであり，その（同性親への）攻撃的な対立から競争心と同一化欲求へ

変換することであり，また，その（異性親への）愛情から純粋な優しさへ変換することなのである。しかし，乗り越えが失敗することはいくらでも起こり得る。その場合子どもは，罪の意識なしではいられず苦しみ，そのままそこにはとどまれない。この問題は，本書の主題ではないのでこれ以上深入りすべきではないのであろう。ただ，私としては手短かに，エディプス的な葛藤の解決においてもまた，これまでと同様に，生活環境や両親の教育的態度が有利にも不利にも作用し得るだけではなくて，生来の身体構成についての考慮がたいへん重要であることを指摘しておきたいのである。

　すでに見たように，生命拡張力に恵まれ，とりわけ制限的拡張がバランスよくできるように恵まれた子どもたちは，そうでない子どもたちに比べてエディプス・コンプレックスを容易に乗り越えることができ，それによってその人格を主要な（生物学的）性の方向に確立しやすくなる。

　逆に，拡張力の弱い子どもたちは，困難な葛藤に直面して退行し，たとえば口唇期や肛門サディズム期など前の段階へ退行しがちになる。そして，知能の面では正常に発達していても，感情面の未熟さと子どもっぽい反応ぶりに驚かされることになるのである。

　自我がエディプス・コンプレックスにおいて利用する防衛反応は，退行だけではない。エディプスの倒錯がそれである。愛情と攻撃の感情が自我による抑制が強すぎて，対象を逆転するのである。その場合，少年は少女のように父親に愛情をいだき，母親に敵意をもつことになり，少女は少年のように母親に愛情をもち，父親に対して攻撃的になるのである。

　この逆転は生活環境のせいで起こるかもしれず，あるいは特別の不安を引き起こすエディプス・コンプレックスによるかもしれず，性の自然な感情に逆らって生じてしまったものかもしれない。そのような場合なら，時が経過し，コンプレックスが解消されるとともに，たいていは逆転も消失し，子どもの性は本来のものを取りもどすことになるであろう。しかし異性のようにふるまう傾向が，生活環境のせいというよりもむしろ主体に由来する場合があり得る。その場合は，逆転した態度は持続するものとなり得る。こうしたことは，少年の女性的な要素，少女の男性的な要素がはじめから強くて，顔立ちや体型の上でもそれとわかるような場合にとりわけ生じやすいものである。

そのような場合、少年が女性っぽい行動、女の子っぽい声音、優しさ、女性的な趣味を示すのに驚く。ほっそりしたからだ、「お小姓」のようなスタイル、繊細な骨格と筋肉、かたち全体を包む柔らかさがある。顔立ちも華奢で繊細な特徴をもち、「むすめ」のような眼をしている。

少女では、男の子っぽい姿、ふつうとはいえないような低い声、所作の粗野さ、男性的な趣味を指摘できる。からだは固く、四肢がしっかりしている。顔立ちも輪郭がはっきりして、口顎部は角度があって、要するに男っぽいのである。

さらに注意すべき点として、女性的要素の強い少年たちが少女たちの集まりに入りたがり、少女たちと同じ遊びや仕事に参加したがることがある。同様に、男性的要素を強くもつ少女たちは少女たちの集まりよりも少年たちのほうに入ることを喜ぶ。そのことを異性のなかで恋愛相手を探すためと考えるなら、それは誤りである。実は反対で、類似性に基づいた同一視の欲求が作用しているのである。このような欲求が思春期にも持続しているならば、成人してもそのままであり、実際の性に合致しない性的態度がはっきりするものと推定できるのである。

こうして性的逆転は、子どもの発達途上で強力な作用を及ぼすいくつかの要因に規定されて生じるのであるが、身体の生来的構造の結果であることが多く、それは形態によって見分けられる。

本章の最後に、**神経症障害の理解**のために大切な点を１つ強調しておくこととしよう。それは、子どもの行動が、その顔立ちからわかる生来の適性に合致していないような場合には、その本来の適性が現実化するのを妨げる要因が発達過程に介入しているといってよい、ということである。最も多いのは、抑制的な要因が生命力を抑えつける作用を及ぼすことであり、これは**事実上神経症的葛藤**といってよい。一例として、顔立ちからすると**能動的拡張型**に対応する**力感的膨張タイプ**の少女を仮定してみよう。この少女が実際には活動的でなく、遊びにも勉強にも興味を示さず、多くの時間をぼんやりするか読書して過ごし、学校でもぼんやり夢想状態で、知能は高いのに成績がよくないとしよう。このような態度と顔立ちの間の矛盾は、神経症状態を疑わせるものとなる。そして派生的には、もしその停滞の原因である神経症的葛藤を清算するこ

とができるようになれば，この少女はその本来の活力を取りもどしてまったく変化することが予想できるのである。

　同じように，**本能ゾーン拡張タイプ**に属し，力感的肉付きをもち，口顎部が角度をもって張り出している子どもたちが，口唇サディズム期や肛門サディズム期への固着によって激しい攻撃的応答傾向を示すことはよく見られることである。ところが，彼らの衝動の激しさそのものが自我の検閲を引き出すことになり，その結果，反動形成によって，攻撃行動は正反対の優しい行動へ，また，強い活力は臆病な行動へと置き換わってしまうことがある。このような場合，実際に見られる性格特徴に対応していないので，顔立ちによる診断は誤りなのではないかと判断されるかもしれない。しかし注意深く調べていくと，攻撃性は無意識のなかへ後退していても常に存在していて，抑制がとれればすぐさま現われる，ということがわかる。このような場合，尋ねられれば主体自身がそのことを，かのソクラテスのように，認めることがあり得るのである。その当時の人相見が，ソクラテスには野獣のような傾向がある，と評したので，彼の弟子たちは激しい憤りをあらわにした。そのときソクラテスは以下のように述べたという。「たしかに私はあなたの言うとおりであったのですが，私は自分の本能を統御し自分を変えたのです」，と[†]。

　　[†]　プラトン『饗宴』で，「アルキビアデスは，ソクラテスについて容貌によってわかる外見とは違って，内部は節制に満ちていると言っている」という逸話。ゾビロスという人相見が，ソクラテスの顔を見て，知見も狭く情欲に傾く性質であるといったので，皆が笑い出したが，ソクラテスは「ゾビロスの言うことは当たっている。ただ私にはそういう傾向はあるけれども，ロゴスによってこれに打ち勝っている」と言ったという話が伝わっているが，これは創作的な話だとも言われる（『ソクラテス』，1957，田中美知太郎，岩波新書）。

第Ⅱ部

相貌発達心理学の実践

第8章 検査の技法

　専門的な相貌診断家（相貌心理学者）になり，子どもの顔立ちを読むことができるようになるためには，特殊な教育が必要になる[†]。
　第1に診立てについて，次に心理学的な知識についての教育がなされなければならない。

[†] さまざまな習得コースの案内がつぎのサイトで見られる。
http:www.morphopsy.org/

1．相貌学

　顔の相貌研究は診立てによって行なわれる。すでに述べたように，大切なのはゾーンや部位のサイズではなくそれらの比率関係であり，また，ラインの方向，肉付き，そして一般的な調和であるから，測定によって結論を得るのはむずかしい。相貌心理学者は肖像画家と同じような状況にある。ちょうど肖像画家のように，まずは，顔立ちの全体を見定め，ついで，部分部分に注意を向けるのだが，その際にはいつでも統合された全体との関係に気を配る。たとえば画家は，他の部分を考えずに眼を描けるかもしれないが，次に口を描こうとするときには，その形が眼の表情を変化させていくので両者の関係を考えざるを得ない。このように画家は顔の部品を別々に部分的な特性を描きながら，1つひとつについて，全体的な均衡と調和を見失うことなく，相互に関係づけて完成するのである（図44）。
　相貌心理学者にとってもまた，部品の細部より全体への配慮，部品相互の均衡，調和が優先されることは，いくら強調してもしすぎることはない。言い換

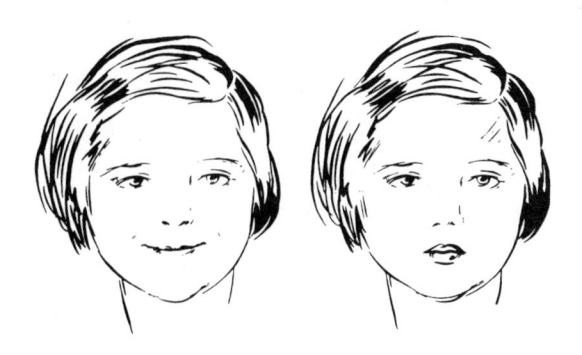

この２つの図は、視線の表情が本能―感情ゾーンによって影響されることを立証する。左図ではまなざしは生き生きして快活だが、右図では物思いに沈んでいる。ところで、両図の視線はまったく同じ絵である。それは眼のゾーンしか見えないように、顔の下半分を覆い隠して比べればすぐ判明する。まなざしがちがって見えるのは鼻と口の部位が、一方では力感があるが、他方では逆に無力になっており、このような生命の緊張度の相違が２人の少女にみる表情の差を生み出しているのである。

図44　まなざしは全人格の鏡か

えれば、観察している顔のなかの動きに従って、一目で、**生命体の運動自体を直観的に把握しなければならない**、のである。

　ある筆跡学者は、筆跡の心理学的意味を理解するために、人が書いたときの精神状態自体の感覚に身をおき、心理状態を再生したり動きを復元したりする必要がある、と述べている。このことは、相貌心理学にも完全に適用でき、観察者が子どもの生命活動の拡張や縮小を自分自身の努力で感じることが正確にできればできるほど、子どもの生命活動が正しく評価され得ることになる。

　この点はまた、相貌心理学の限界をも示している。もし、顔の特徴を直観的に感じ取り、それを生み出している生命活動を再現しなければならないとするならば、実際にその人が内的に経験した範囲のことしかできないということになるであろう。生命活動の拡張が生み出すことを評価するためには評価者自身が拡張可能でなければならず、縮小の作用を正しく評価するためには、評価者自身が縮小し得るのでなければならないということになる。もう一度くり返すが、相貌心理学的理解というのは、膨張―縮小と呼んできた２つの対立した力の相互作用により生み出される、動的な均衡に立つ存在の特性なのである。

顔立ち

　顔立ちをよく観察するには（写真などではなく）実物の顔でなされることが望ましい。よい採光条件，さまざまな方向の光線で，正面顔，横顔，75度斜めの顔で調べることができるからである。

　採光は重要である。光が強すぎれば輪郭はぼやけがちになり，肉付きの微妙なニュアンスを観察しそこなう。採光条件は控えめなのが最良で，それにより肉付きも浮き彫りになる。時によって，たとえば額などの輪郭を評価するためには斜め方向の採光が望ましいこともある。

　正面顔の検査は外枠の幅，外枠と内枠の関係，3つのゾーンのなかで際立っている部分，また，あらゆるゾーンの肉付きの具合について行なわれる。これに加えて横顔の検査から額の縮小具合，特に額の高さ，肉付きの差異などを調べる。

　写真では実際の顔のように精密な相貌分析ができにくい。しかし次の場合には，まったく無効とはいえない。

　①修正が加えられていない
　②同一人物の正面だけでなく横顔など角度の異なる映像がある

　扱われる資料の価値に関する要請の厳しさは，当然のことだがよく理解される必要がある。実験参加者の採光は上述のとおりである。たとえば，採光が強すぎると正面顔の輪郭はすべてが埋没してしまい，実際には分化のある肉付きが丸型の肉付きと思われることになる。もう1つの注意点は，頭部の傾き具合によっては，3つのゾーンの比が変わって感じられることである。前に傾けば額の部分が実際以上に大きく見え，逆に後方に傾けば，口顎辺部が過剰に大きく見えることになる（図45）。

　肖像画（絵）は，顔立ちの重要なポイントを把握できる，観察力の優れた肖像画家の作品ならばよい資料になるといえる。それゆえ，現に本書では，パッツィおよびドースという才能ある2人の肖像画家による子どもたちの肖像を，例として引用しているのである。しかし，多くの場合，肖像画家はモデルの特徴を誇張しがちなので，この種の肖像画を資料とするには十分慎重であるにこしたことはない，といわねばならない。

ここには本能—感情ゾーンと頭脳ゾーンという2つのゾーンの局所的拡張タイプが示されている。本能タイプの子どもの頭部が上がっているために口顎部位の大きさがいっそう際立って見え、反対に頭脳タイプの子どもでは前方にうなずいていて額がせり出しているために実際以上に大きく見えている。この所見から、写真を分析するに際しては、頭部の傾き方への配慮が必要なことがわかる。

図45　本能タイプと頭脳タイプの対照

■形態と表情

　古くアリストテレスは『顔相論』を書き，そのなかで次のような原理を提起している。

　「形において持続するものは存在の不変な性質をあらわし，移ろいやすく動くものは偶然で可変な性質をあらわす」。

　事実，顔立ちのなかには骨格に規定された固定構造と，表情*をつかさどる筋肉群に規定される可動構造とが区別される。

> *　表情筋の作用はプロソポロジーとしてエルミアーヌ博士により創造された性格規定の特殊な研究対象である。

　固定構造は顔立ちの心理学の主たる研究対象であるが，すでに述べたように，ここには骨格と筋肉からなる外枠と感覚受容器部位の内枠が区別される。

　肉付きについて詳しくはくり返さないが，**受動的拡張タイプの丸型肉付きと能動的拡張タイプの平たい部分をもつ丸型肉付き，制限的拡張タイプの2種**（波状肉付きと起伏縮小肉付き）が区別される。専門家として顔立ちを診立てるにあたっては，顔の各ゾーンの肉付きが多くの意味をもっていることを心得て，さまざまな特徴を見抜かなければならない。

2. 心理学

　相貌心理学は，くり返せば，本質的に動的なものである。顔の形態のうえでは拡張の発現と保守的な力による制限という生命運動を捉えようとし，また，心理学的には生命力を基礎とする深層傾向から発生する性格特性を捉えようとするものである。

　顔立ちの部品特性（鼻，口など）を静的に分解して，人格の固定的要素と見なせるような長所，短所に対応させたいということへの誘惑は大きいものがある。分離した部品特性ではなく特徴群を考慮することによって，こうした断片化を免れることになるのであろうか？　私はすでに，（局所の拡張ゾーンを述べるに際して）顔立ちを頭脳ゾーン，感情ゾーン，本能ゾーンという3つの重なったゾーンに分解したのではなかったのだろうか？　しかしすでに示したように，こうした分解は，局所の拡張ゾーンが全体構造と統合され，非支配的なゾーンが人格に影響する無視できない部分を考慮して初めて意味をもつものなのである。

　これに関して一例をあげれば，鼻脇前面縮小ゾーンという感情生活にかかわる中位ゾーンの縮小型に頻繁な顔立ちを論じる際に，他のゾーンの構造に応じて，**抑制型縮小**，**活力型縮小**，**豊穣型縮小**の区別にいたったのは特に重要である。

　もう一例あげよう。頭脳は思考の占有的な器官であり，額部は知的能力の形態上の占有的な表現とみる考え方の誤りを指摘してきた。その際，知能の作用において感情と本能が果たす役割を強調し，それが2つのゾーンの形態によって客観化されているとしたのである。

　相貌心理学は，総体的な形，顔立ちの主軸をなす方向線，大まかな肉付き加減を把握することから始めなければならない。それと同様に，生命が表現することを把握するということ，言い換えれば，刻々**変貌を遂げていく人格像**を把握しようとするという点で，新しい心理学的修練が要請されるのである。後述のように，このような修練を経た新しい見方によって，ふつうは「短所」と見なされることが，子どもの側からすると適応できない環境に対する防衛反応であることがたいへん多いことに気づかされるのである。顔立ちの診断家にとっ

ては，評価することよりも理解するということが常に優先されねばならない，ということが後述の例を通じて了解されるであろう．

ここでは，第Ⅰ部で具体例によってたびたび示されてきたことをものさし代わりに反復提示するにとどめることにする．まず，私が性格学に通有のあまりにも静的な見方を批判して，**感受性，活動性，応答性**という相互に関連し影響し合う要因を定義したこと，わけても，これらの要因が人格全体との統合関係抜きには評価できないとしたことを思い出してほしい．たとえば，このような見地から感情ということについての定義，すなわち，感情とは感覚印象であり，活動によって解消されることのない印象であり，主体的に支配することはできず，逆に主体を支配するような感覚印象であるという定義を考えてみよう．このような定義はル・センヌの定義と反対に，私たちが日常生活で体験する感情状態に当てはまり，また，性格学的には神経過敏型につきものとされる感情状態に完全に当てはまることがわかるであろう．

3．相貌心理学検査の一般的手続き

子どもの顔立ちを相貌心理学的に調べるための要点は，はじめに顔立ちの全体的特徴を見ていくこと，その後で初めて細部に進むことが必要である．ふつうは，つい逆のことをしがちなので注意しなければならない．

① 顔全体の支配的なかたちが**膨張タイプ**か**縮小タイプ**かを知るには，丸型か角ばった型かという幾何学的なかたちに合わせて考えられる．このどちらにおいても，広さ／高さの比が拡張 対 縮小の測度を与える．幅広い顔は生命力の拡張を示すため**膨張タイプ**に対応し，他方，幅の狭い顔は保守的な力の支配を示すため**縮小タイプ**に対応するからである．選択性の拡張が強い場合も，幾何学的なかたちがそれをじかに示してくれる．下辺の大きな台形は本能タイプ，六角形は感情タイプ，頂点を下にする逆三角形は頭脳タイプである（図46）．

② 全体的な肉付きはいくつかの面に分けられる．丸みがあるか平たいかによって，それぞれ**膨張タイプ**か**縮小タイプ**となる．**固く引き締まっている**

第Ⅱ部 相貌発達心理学の実践

膨張タイプは円または角の丸い四角形をした顔立ちであり、縮小タイプは縦長で角の鋭い四角形の顔立ちである。3つのゾーンのどれかに際立った（支配的な）拡張があると、ゾーンによって、幾何学的なかたちが分かれる。
本能拡張タイプ：下辺の大きな台形
感情拡張タイプ：六角形
頭脳拡張タイプ：逆三角形（下辺が小さな台形）

図46　幾何学的なかたち

　か柔らかいかによって**能動的力感タイプ**か**無力タイプ**となって、その子どもが現実世界に開いているか否かを教えてくれる。たとえば、**力感的起伏縮小タイプ**には凹凸のある起伏が目立ち、心理学的には強い情熱の動きが生じやすいといえるだろう。**前面縮小タイプ**（図47および48）、特に横顔でよく検出できる縮小タイプの心理学的な意味について復習してほしい。
　③　外枠と感覚受容器群（内枠）の関係もまた最初に診立てられるところで、応答傾向の度合いを知るうえで重要な点である。膨張—縮小の両極端

第8章　検査の技法

肉付きには心理学的に重要な意味があるので，各々の顔について肉付きの特徴を見分ける訓練を積まなければならない。ここには膨張タイプの丸みのある肉付き（左）から，波状の肉付き（中央），そして局所に強い縮小をもつ起伏縮小タイのプ肉付き（右）が並んでいる。起伏縮小タイプの肉付きは，子どもの場合，大人に比べるとでこぼこはゆるやかであることに注意しよう。それは児童期での骨格の繊細さのためである。

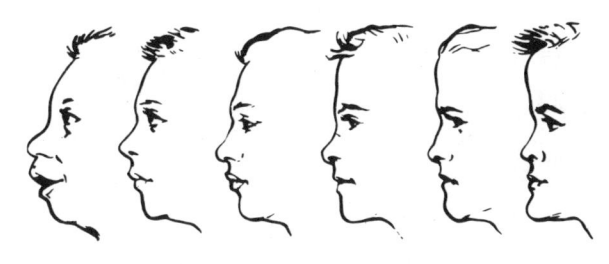

図47　肉付き

本図は横顔の特徴についての資料である。左から右へ額の傾斜が減少するとともに，顔全体が垂直方向にまっすぐに立っていく。左から3番目が即時応答型および遅延応答型のほどよい均衡にある顔である。それより右側は縮小が増大して，それとともに生命力の自発性が抑制される。

図48　前面縮小タイプ

タイプでは，構造は等質である。**膨張タイプ**は大きな外枠のなかに肉厚の受容器群があって，内枠は外枠に比例した大きさとなり，縮小タイプでは感覚受容器群（内枠）も狭い。応答傾向が最大の性格型である**即時応答タイプ**では，外枠は狭くて，生命力の蓄えの乏しさが現われている一方で，受容器群（内枠）が広くて，環境との交渉が豊かなことが示されており，そこから，強く熱意のある精神生活を保つ反面もろい基盤の上にあること

応答傾向は，内枠（感覚受容器群）の外枠に占める割合が大きければ大きいほど顕著になる。それを示すために，ここには正確に同じ内枠をもつ肖像を2つ示した。一方の外枠は膨張しており，他方は縮小している。したがって，前者は膨張タイプで外枠と受容器とに均衡がとれている。しかし後者は均衡しておらず，**即時応答タイプ**である。

図49　応答傾向

外向的即時型と内向的遅延型の対照が示されている。即時型では眼と口顎部の開放性が見られ，遅延型ではそれらに閉鎖性が見られる。どちらも鼻は反り気味で開放的構造であるが，前者では鼻腔に開放方向の動きがあるのに対し，後者では鼻翼が中央の隔壁に向けて閉鎖気味に寄っている。

図50　開放的受容器と閉鎖的受容器

が導かれるのである（図49）。

④　感覚受容器の肉付きは，外部との接触と交渉の部位であり，感受性の高さを表現する。受容器群が緻密で繊細なほど生き生きとした感受性を示すものとなる。それは外部へ向かう即時応答型（受容器の開放傾向）でも，内部へ向かう遅延応答型（受容器の閉鎖傾向）でも同様である（図50）。

⑤　幾何学的なかたちを述べたところですでに触れたように，全体を一瞥す

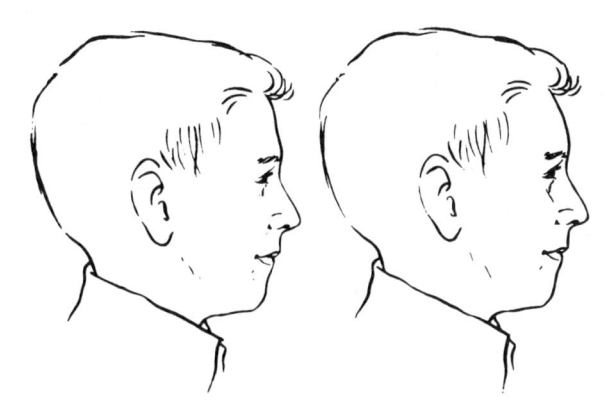

この2つの横顔はまったくよく似ているので特徴が捉えやすくなっており、読者がそのちがいを把握する練習をする恰好の教材となろう。前者の額が波状肉付きでよく分化しているのに対し、後者の額は一様に丸みを帯びて未分化であることに気づかれるはずである。現実世界の捉え方は両者の間で同じにはならないであろう。

図51　額の肉付きのちがい

ることにより顔の3つのゾーンが均等に発達して調和がとれているか、それともどこかのゾーンがほかよりも際立って広かったり上下幅が大きかったりしていないかも見ることができる。最も広く高いゾーンは局所拡張ゾーンであり、それに伴う心理学的な波及効果がある。いうまでもなく、あるゾーンの支配性はその大きさや幾何学的なかたちだけではなく、そのゾーン各部の肉付きや繊細さまで評価されなければならない。それによって、それと関係した活動性と感受性とが示される。

⑥　全体から部分へ移るに際しては、額部に細心の注意を払わなければならない。これは人類の最も重要なものの分析である（第Ⅰ部第5章および図51，図52）。

⑦　すでに強調したように、顔立ちを診立てるにあたっては、形態はもとより心理の面においても、細部の分析よりも**総合についての配慮**のほうが大切である。したがって、特定の細部の特徴に注目するあまり、その細部を全体へ統合することがおろそかになってはならない（図44参照）。

一様に丸みを帯びた乳児の顔において，ある種の分化のきざしが示され，将来際立っていくだろうことを予見させるものがあることを見逃してはならない。ここにはその例が示されている。額部縮小へのきざし（額中央部の水平方向の畝と側頭部のくぼみ）は見分けるのにさして困難でなく，眼のくぼみや強い表情もそれを裏書するものである。

図52　乳児の早期分化

第9章

能力適性

　第Ⅰ部で，エーマンとル・センヌのような考え方で示される近代的な性格論の利点を強調して，第4章ではそれをあまりにも固定的に考えすぎないならば，子どもたちを知るうえでも大いに役立てることができることを示した。

　形態の検査による性格学にはいくつかの型があるが，どの体系でもその体系固有の厳格さを緩和することは可能であり，どの体系を適用するにしても，よく見られる個人差について認知され解釈される構造を，相貌心理学者の視点に手直しして翻訳し直すことが可能である*。

> *　性格学の1つの体系からもう1つの体系へと，各々の類型に等しいものを見つけられるのは興味あることである。いうまでもなく私は，相貌心理学を提示する立場上，顔立ちによるタイプへの翻訳に最も重きを置く。それ以外の体系については，本書の読者を子どもたちの日常生活の実践案内ができるわけでもないので，文献紹介をかねて，最後の付録部に要約表を添付する程度のことしかできない。

　一例として，ル・センヌにおける神経過敏型の2類型である，感情性・弱活動性・即時性（E-nA-P）という表示の神経質型と，感情性・弱活動性・遅延性（E-nA-S）という表示の感情型を考えることにしよう。この両者の間には中間型があり得ることがわかり，たとえば，それらを神経質・半—感情型とか感情・半—神経質型とかの名称を割りふることもできる。ところで相貌心理学では，これらは容易に識別できる。神経質型は応答タイプで，狭い外枠（E-nA）が大きく開いた受容器（P）と併存する型である。そこで受容器の1つ（たとえば眼）が縮小形態をとるなら，遅延性の要素が含まれることになり，それは神経質・半—感情型（**補償的応答タイプ**）に該当するのである。そして，遅延性の影響する部位を特定していることによって，この中間型についてより正確な定義を下すことができることは，相貌心理学の利点といえる。

顔立ちを見る検査者の心得は，子どもたちが生命の変化途上にあるということを見失わず，安易に類型の固定性に居座ってはならないということである。とはいえ，私たちの精神にはなんらかの目安がないと安心できない，ということも否定できない。そこで第一歩として，比較的やさしく見当のつけられる適性と類型に限って紹介することにしたい。
　次の主要な4つの類型について記述しよう。

- 神経過敏型　：　感情性・弱活動性（E-nA）
- 活動型　：　弱感情性・活動性（nE-A）
- 神経過敏―活動型　：　感情性・活動性（E-A）
- 無力型　：　弱感情性・弱活動性（nE-nA）

　はじめに各類型の全体的能力適性を，次いで2つの反答傾向の極を対比させながら特性に応じて各類型（p. 102の8類型）の区別を述べていく。
　性格というものは長所と短所の合成からなっており，その総体で1つのパーソナリティが構成されるということを思い出すのはよいことである。重要なのはさまざまな力が活動のなかで保つ均衡であり，したがって，そのなかのどのような力が全体を牽引する支配的な力になるのかを見定めることである。
　顔立ちの診立てにあたっては，支配的なものという概念は最も大切な位置を占める。第1に膨張―縮小の対比（第Ⅰ部第2章）はキー概念であり，膨張または縮小がそれぞれに両極端の気質と心理とを規定するものであった。第2に，支配的という考え方は局所拡張型（第Ⅰ部第3章）の記述上の核心である。また，第Ⅰ部第4章では，ル・センヌのさまざまな類型が，その表示形式に見られるとおり，形態的諸特性のなかの支配的なものによって特性づけられることを示した。
　また，調和という要請の重要性についても述べてきた。局所拡張タイプを例にとれば，拡張の目立つ部位が，他の部位と調和した発達を遂げるものに最大の評価を認めた。ル・センヌの型においても，局所の際立ち方が過剰な場合，パーソナリティへの不都合な影響が生じ得ることを示した。たとえば，感情性（E）が知的な能力に与える影響を分析するなかで，これがあまりに強まると，思考の錯乱や客観性喪失を招きかねないことを述べた。

以上のことから，性格のすべての能力が1つの調和のなかに統合されねばならないという重要な考え方にたどり着くのである。ある傾向が性格の第一義的重要性を担うということは，性格の働きの重要な要因なのだが，それはあくまでその傾向が専制的に他を圧するというのではなく，全体と調和した条件でのことであり，次のようにいうこともできる。主要なポイントは**主体がその傾向に支配されているのか，それとも主体がその傾向を支配しているのか**，である。上にあげた例に返れば，感情性（E）の比重が大きいということは豊かな印象形成の恵みをもって知的な働きへの促進剤となり得るが，そうなるのは，主体が冷静さを保持し，情緒による支配から解放されている限りでのことである。

　これに関連して第Ⅰ部第4章で，性格学を構成する特性は相補的な作用において考えなければならないことを示しておいた。たとえば，感情性（E）の強い場合は活動性（A）が強いこと（情熱型のような）と併存する条件で活性化され得る。活動性（A）は情緒を活動実現のエネルギーに変えるのに対し，同じ感情性（E）が弱活動性（nA）と共存すると錯乱要因となり得るからである。

　そうはいっても，完全な均衡をもつ性格型は，動けない車のように，牽引力が車の重さと拮抗した状態になるかもしれないことを考えなければならない。前進のためには支配的なものが必要である。牽引力は車の重さ以上でなければならない。この場合，均衡は動きのなかの力動的なものである。均衡は維持されるが，前進移動の動きのなかでの均衡なのである。パーソナリティにおいても同じことである。私たちはいかなるときも，まず第1に**支配的な力は何か**，第2に**人格の均衡はどのように保持されているか**，を問わなければならない。

　支配的な力，これはパーソナリティ全体を特徴づけるものである。どの性格類型も支配的な力によってその位置が定まる。パーソナリティはまわりの事柄に偏好をもたらし，その偏好において最も自己満足し，その偏好によって自己の生活の理想をつくり出すのである。

　たとえば，**神経過敏型（E-nA）**では感受性の高さが際立っていて，始終情動反応の対象を求める。感受性にひびく物事にその限りで関心を振り向けるだけであり，感受性をもって生活の理想としているのである。

　同様に**活動型（nE-A）**では，活動性が際立ち，動くことで育ち，物事はそれがどんな活動可能性を与えてくれるかで評価が決まる。活動しないと生きた

気がしない。それほど活動が大切なのである。

　局所的な拡張タイプも同様であり，拡張のあるゾーンが支配的で，それと対応した心的領域に充足感を見出す。

　以上の指摘は，ル・センヌ類型学にのっとった能力適性を記述しようとする本章の前書きとして必要である。実際，読者がこれから眼にする記述はたいへん図式的な性格論で，支配的な特徴がほとんど戯画的ともいえるような極端なかたちで示される。日常生活で見られる類型は性格論の類型よりも，心理学的解明が十分とはいえないさまざまな要因との相殺が働いて，色合いが緩和されているものである。

　ル・センヌは著書『性格学概論』のなかで，このような図式性にかかわる困難を回避することができなかった。著書全体が偉人たちの研究に向けられていたので，いわば定義上，偉人たちが図式からはずれ，複雑で，微妙なパーソナリティであることに気づかなかったのである。たとえば，神経質型の偉人たちは「極度の神経質」だと彼が述べるとき，感情性（E）が支配的で，しかもその度合いが極端な場合は均衡が失われていることに気づかず，また，このような人が大きな価値をもつのは感情性（E）要因それ自体ではなく，それを補償するものが具わっていたからだということに気づかなかった。

　ル・センヌが多くの偉人たちを情熱型というグループに分類して，そのグループが遅延性（S）の特性を強く帯びると規定するときも，まったく同様に，過度の遅延性（S）は不均衡をもたらすものでパーソナリティの抑制要因となることを見ず，情熱型の内的な活力では高い即時性（P）が遅延性（S）と絶えざる葛藤を展開していることを見出さなかったのである。

　相貌心理学的方法の利点は，ある研究対象者を前にしてあまりにも図式的な性格づけの落とし穴に落ちないですむことにある。記述を補足する例示用の肖像で見られるように，補償という作用は重要で，どの類型でもこの補償作用によって隣接した類型の特性を帯びることがあり，そのことによって非常に大きな適応上のしなやかさが得られるのである。また私は，類型的な子どもたちの肖像を結びつけて記述をすすめるように努めていくが，肖像につける図の説明において，その子どもの顔立ちの細部が典型的な型からどの点で異なるか明らかにするように努めるつもりである。

もう1つ追加しておきたい。性格類型ごとに定義されていく能力は一般的な言葉でなされるので，子どもでも大人でも応用可能である。とりわけ，実験対象者がどのような職業活動に最も適しているかというオリエンテーションに利用され得る可能性があることを含めて，利用可能性は多様である。これとは逆に，次章以降で類型の異なる子どもたちが家庭や学校でどのように適応するのか論じる場合には，本章の一般的な術語を子どもたちの世界に合わせて置き換えることになるであろう。

類型ごとの詳細な記述に入るに先立って，あらゆる類型を通じて見られる一般的な特徴をまとめて記述しておくほうがよいであろう。

1. **活動性**に関しては，ル・センヌの考え方，すなわち，活動性は1つの固定した特性で生涯変わることなく同じ強さで持続する特性であるとする考え方は誤っている，ということを指摘しておかねばならない。実際，私たちが自分の仕事に対して成し得る活動は生命活動総体の一部分にすぎない。生命力はまず生命の本質的な機能，つまり成長や器官の活動，さらには病気の防衛のために用いられると考えるべきである。そのうえで，なお残る生命力が外的活動のために**使える力**となるのである。したがって処理可能な力は変化し，とりわけ本質的な機能からの要請が増加すれば減少すると考えられる[†]。たとえば，子どもや青年が成長期にかかり急激に身体が大きくなるとき，生命力の最も大きな部分がそこで費やされて，勉強や遊びにさける余力があまり残らないことになるかもしれない。その場合，ちょっとした努力でも消耗感をさそうことになり，投げやりに見えることになり，それが怠けぐせと誤解されることになるかもしれないのである。

[†] 実際，私たちは病気などで活動力が減少しているときには仕事ができなくなる。

2. **活動性**と**感受性（感情性）**は手の器用さに関係するが，これについて類型別に述べる必要がある。これは活動性（A）要因の高さが前提となるものであり，実際，ある動作をしている途中で障害が現われても，活動力が十分に蓄えられていれば滞りなく乗り越えられるものである。感情性（E）要因は，器用さのなかでも機転が効くことに関係するが，それも活動性（A）と均衡がとれていてのことである。もし感情性（E）の値が活

動性（A）を超えているような場合（神経質型や感情型），障害は手の作業を乱し，揺さぶることになり，器用さも平凡なレベルにとどまってしまうのである。

応答性[†]についていえば，**即時型**は即興的能力に富み，一般に運動の器用さに恵まれているが，忍耐強くじっとしていなければならない仕事では逆にうまくいかない。**遅延型**は即時型の器用さをもち合わせないが，きちんとした段取りと系統を要することではまさる。活動性・感情性・遅延型（A-E-S）の情熱型はこうしてたいへん器用なのだが，それは3つの要因に均衡がとれている場合のことである。また付言すれば，遅延性が強い場合は，抑制が強すぎて器用さが阻害されることもあり得る。

[†] ル・センヌの場合，応答性にあたる術語はRetentissementである。その意味は刺激に対する反響であり，コルマンのRéagissantと同義と見なし応答と訳すことにした。

3．意欲についても類型ごとの特徴を述べる必要があるであろう。

実際に即して，**活動エネルギー**と**自我統制**，つまり行為の推進と行為の制止という2つの形式で考えていくことにする。

活動エネルギーは活動性（A）の値で決まるが，大なり小なり感情性（E）の影響で活力が左右される。したがって，**情熱型**のような感情性・活動性（E-A）の型で最大となり，**多血型**や**粘液型**のような弱感情性・活動性（nE-A）では活力が低下する。

即時型では，エネルギーはあらゆる刺激に対して発動される。たいへんに豊かではあるが，衝動性が大である。逆に**遅延型**では，抑制要因が働いて節度があり，活動エネルギーは方向づけられて一定範囲の活動に傾注される。切迫すると麻痺しかねない。

自我統制には2つの規定因がある。まずは，すでに見たように遅延性が活動エネルギーを制御する。第2には，活動性（A）と感情性（E）の2要因間の均衡がとれているほうが制御がよくなり，また，活動性（A）の値が同じならば感情性（E）の型よりは弱感情性（nE）の型のほうが，冷静であるだけ，自我統制がよくなる。

4．性格診断では知的能力については取り上げないのがふつうだが，すでに

論じたように，これは誤っている。事実，性格の構成要因はそれぞれ現実理解のあり方に介入していると考えるべきであり，3要因（感情性E・活動性A・応答性P/S）の間に成立する調和と均衡のあり方は，知能の値に大きな影響を与えると考えなければならないのである。

しかし個人を完全に知るためには，さらに頭脳ゾーンの相貌心理学的な研究という，たいへん重要なものを加えなければならないであろう。額部の構造を診断せずには，類型ごとの知能を近似的に評価することも相互比較することもできないのである。

1. 神経過敏型：感情性・弱活動性（E-nA）型

神経過敏型は感受性（感情性E）が支配的な型である。感受性が存在のあらゆるところに顔を出す。感じることを防ぐことができない。しばしば，活動的に生きるのを停止して，もっぱら感じて生きることを好む。

■顔立ち

縮小体型で骨格も筋肉も繊細（たとえば，指先やくるぶしなども平たく薄い）。

顔立ちは華奢で，外枠狭く縦長，肉付きは平たく，無力型要素（弱活動性nA）をもつ，つまりゆるんだ皮膚，柔らかい顎，である。

感覚受容器は華奢で繊細である。

神経過敏型の顔立ち

神経質型 （感情性・弱活動性・即時型：E-nA-P）	感情型 （感情性・弱活動性・遅延型：E-nA-S）
柔軟でしなやかな身体をもつ。 顔立ちは角ばっていて額が傾斜している。感覚受容器は開いている。眼は顔の表面にあり，輝きをもち，くるくるよく動く。鼻はまっすぐか反り気味で鼻腔が見え，鼻翼が動く。口は薄く，唇は動きやすく，半開きがち（図53）。	いくぶん態度が硬くて融通がきかない。 顔立ちは直立的な横顔で額も立っている。鼻脇前面縮小型が多く，眼が眼窩に沈んでる。受容器は隠れがちか閉じがち。眼は動き，考え深い表情をたたえる。鼻は出っ張り，鼻腔は後退して見えず，鼻翼は動きにくく縮小（「ショパン風に」）している。口は薄く，多くは閉じられている（図54）。

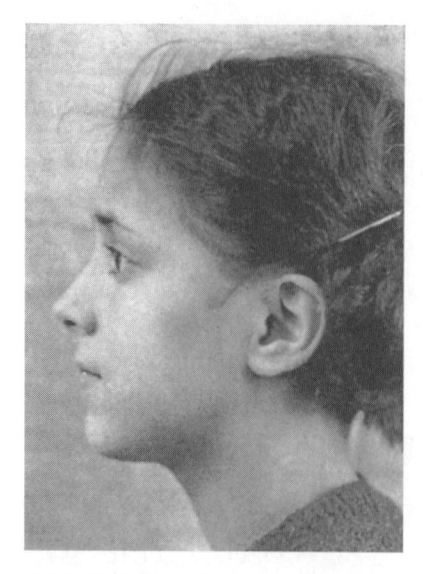

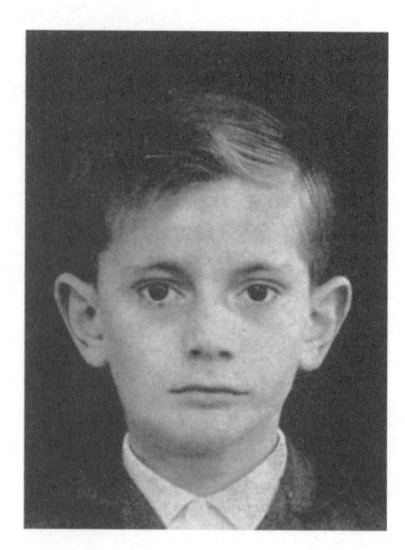

神経質型の二例の顔立ちを示す。頭脳ゾーンにある程度の拡張があり、これはよくあることである。特徴が一般的に細づくりなので顔立ちは逆三角形になりやすく、右例で顕著である。

図53　神経質型

■身体活動能力

　神経過敏型は，平均以下の活動量（弱活動性nA）しか示せない。耐久力も爆発力も欠乏している。疲れやすく，条件がきついとすぐやめてしまう。

　活動それ自体を喜ぶことはなく，つらい仕事を嫌い，仕事は楽しいと思えなければできない。したがって感情的な刺激を求め，魅力を感じる仕事なら喜んで取り組むが，仕事を首尾よく達成するために努力するのは嫌いである。仕事を開始するが，途中で放置し道具を片づけもしないなどになりがちである。

　すばやく熱心だが，すぐ疲れてしまうので，仕事のリズムは不規則である。

　神経質で，何かうまくいかないことがあると，せっかくの能力も使えなくなる。

　力仕事よりも質の高い仕事に向いている。

　スポーツでは活発で，興奮すれば可能性いっぱいのところまでやれる。しかし練習する気はなく，また深いところでつらさに対する耐久力もなく，動揺があるとせっかくの力を出せなくなる。

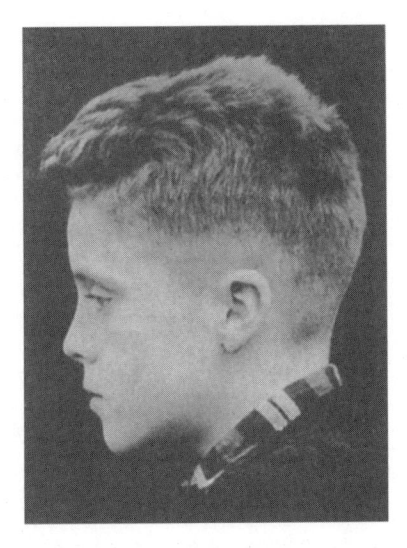

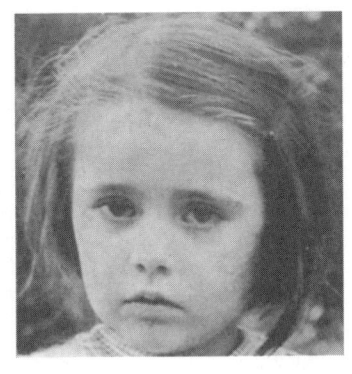

感情型の二例である。神経質型と同様に頭脳ゾーン拡張がよく見られる。しかし眼は対照的に眼窩に落ち込み、額部の拡張は思考を夢想がちなものにし、またしばしば抑制がちにする。眼のくぼみは鼻脇前面縮小に結びつきやすく、それがここでは強く見られる。

図54 感情型

　神経過敏型の場合，応答性の大小（即時型か遅延型）により重要な差異が生じる。

　神経過敏型の手の器用さは，感情性（E）と弱活動性（nA）の値しだいでさまざまである。感情性（E）ということから感受性と如才なさはもち合わせている。もし弱活動性（nA）の値が仕事上必要な水準より劣っていなければ、器用さが発揮される、あるいは大いに発揮されよう。しかし活動性が小さく感情性（E）が極度に支配的な場合は，感情にかられた不器用さ，震え，ぎくしゃくした動き（神経質型）や感情的な麻痺（感情型）が生じ得る。

神経過敏型の身体活動能力

神経質型 （感情性・弱活動性・即時型：E-nA-P）	感情型 （感情性・弱活動性・遅延型：E-nA-S）
生き生きとした感受性（E）と影響されやすさ（P）のために活動性が高いかのように見えるような運動が生じる。しかしこれは	生き生きとした感受性（E）と影響の受けにくさ（S）から外的環境のなかの親密なものへの執着が強くなる。即時型（P）に比

本当の活動欲求からくるものではない（nA）。それはたんに，刺激に対する反応なのである。皮相なもので長続きしない。小さな仕事を散発的にやるが息の長い仕事は成し遂げられない。	べて活動性は低く見える。活動は個人的関心の感情的な強さに対する反応であり，道義上の要求に対応するものでもあり得る。興味がなければ無活動である。興味がありさえすれば一定の方向に力を集中できるので活動の持続が可能であり，即時型とここで区別できる。
簡単な仕事を求める。疲労しやすく，意気消沈しやすい。神経質であり，何かうまくいかないことがあると，いらだち，失敗しがちになり，無統制で衝動的な行為に陥る。	困難な仕事に立ち向かうという点で即時型にまさるが，疲れやすいのは同じ。快適な環境を求める。これが満たされなかったり疲れたりすると，抑制がきいて大なり小なり活動が麻痺する。
スピードがあり，しなやかさもあるが力はない。したがってむずかしい仕事でなければ，できる動作や即座の機転では器用である。穏やかさと辛抱強さを要する活動では，衝動性ゆえに不器用になる。	器用さが選択的である。仕事は特定のものでなければならない（その選択度がきついほど遅延性も強まる）。その感受性と方法論的精神（きちんと段取りをふんだ行動）が優れた器用さを生み出す。特にあらかじめ準備できる場合うまくいく，というのは，即興的な機転はきかないからである。こうした条件が満たされない場合，硬くて不器用，ぎこちなくなる。

■ 感情面の適性

　神経過敏型は感受性が主軸であり，情緒的で，たいへん外界の影響を受けやすい。

　からだは影響を受けやすく，気分は栄養状態や疲労の作用で時々刻々移ろいやすい。

　さして重要でもない言葉や事柄に旺盛な反応を示す。傷つきやすさも際立っている。

　他者の喜びや悲しみに接して大きな影響を受ける。友達が叱られると，自分が叱られたように泣いてしまいかねないところがある。

　感情は生き生きとして繊細だが力は欠如している，というのは本能的生命力が不安定だからである。

　気楽になるために，共感に満ちた雰囲気に囲まれることへの欲求がある。

　むずかしい事態に立ちいたるとすぐ混乱し，平静が保てなくなる。

神経過敏型の感情面の適性

神経質型 (感情性・弱活動性・即時型：E-nA-P)	感情型 (感情性・弱活動性・遅延型：E-nA-S)
感受性は表面に表われ，身ぶりでも，叫びでも，赤面でも，ふるえでも，怒りでも，あからさまな表現で示される。しかしこれらの表出はいつまでもは続かない。	感受性は深く沈み，しばしばまったく外側に表わされない。そのため鋭い観察のできない人にはまったく冷たく無感動な人と誤解される。何かに強い感動を受けると，抑制され，沈黙し，動けなくなる。
食道楽，官能的でけんか好きとまわりからいわれる。実際には食道楽というより美食家，官能的というより快楽派，けんか好きというよりはからかい好きなのである。なぜなら力がなくて興奮性なのだから。	さして食道楽とも官能的ともけんか好きとも思われない。即時型とちがって，本能的な生活部分を露出しないからである。あらゆることについて慎み深い。
手軽な楽しみを好む。たとえば賭け事やクジでお金をもうけようとする。	手軽な楽しみに傾倒せず厳しい選択をする。
すぐ仲良しになれるが，結びつきは深くはなく永続しない。	気軽な結びつき方はできないが，いったん結びつくと長く続く。
感情は生き生きしているが不安定。今泣いたかと思えばもう笑っている。執念深くもない。	感情は表面にはっきりとは出ないが持続する。悲しみから立ち直るのが遅い。嫉妬深く執念深い。
気分が変わりやすく，喜んだと思えば悲しみ，悲しんだと思えば喜ぶ。	気分が保たれやすく，どちらかといえば陰気。
安請け合いをするが，努力を要するようだと約束をすっぽかす。	安請け合いはしないが請け合ったことは守る。
持ちものを他人に与える。捨てるのではなくて，気前がよいのである。	持ちものを大事にして，理想のための場合以外はやたら他人にあげない。
高慢ちきではないが虚栄心が強い。人が自分をどう思い，どう言うかいつも気になる。見かけをたいへん気にかける。流行を追う。装いと化粧が好き。	虚栄心が強いというよりはむしろ高慢である。世間の評判より自分自身の考えが大事。自分の見かけは気にしない。服装は単にきちんとすればよく，注目はいらない。
感じやすくしょっちゅう小さな怒り，子どもっぽさを示す。ぶったりしないが，ののしる。暴力的ではないが，意地悪や軽蔑という攻撃性を示す。	感情は表面化しにくい。身をさらさず本心を隠しておける。自制心は強いがどうかすると激しく爆発する。攻撃性は自制されているが，しばしば否定的意見で表現される。
社交でも友人でも刺激の多い環境で生きている実感がなければいけない。田舎より都会が好きで孤独には耐えられない。	大きすぎる興奮からは身を引こうとする。社交よりは選ばれたわずかな友人を好み，しばしば人よりも動物との交わりが好き。都会よりも田舎が好き。
嘘をつく。それは意図的なものではなく目前の今に生きるので今日の心境が昨日と違ってしまうのである。	嘘はつかない。秘密をもち，言いたくないことは言わない。
上述のように，気分が変わりやすい。実際，不安に陥りやすいのだが，気分転換や楽しみの追及で逃れようとする	不安は内部に沈潜し，悲しい気分を生む。心配と悲観，自己不信，罪意識，くよくよしがちで，悩みに傾いている。

知的能力適性

知的能力を知るためには，額部構造の構成的特性を追加しなければならない。

神経過敏型の知能は能動的よりはむしろ受動的，論理的よりはむしろ直観的ということである。物事をたいへん細心に知覚し，その質についての感覚をもつので，しばしば芸術的な才能を生む。

知能は，感情の支配から逃れることがむずかしい。そのためしばしば客観性と実践性を欠く。

想像力は自由奔放である。弱活動性（nA）要因は，夢想と夢への逃避を誘う。これは創造性というよい点をもつ反面，思考の明瞭さを妨げたり，現実性をそこなったりする。こうして**神経過敏型**は，創造者というよりむしろ趣味人となる。

神経過敏型の知的能力適性

神経質型 （感情性・弱活動性・即時型：E-nA-P）	感情型 （感情性・弱活動性・遅延型：E-nA-S）
衝動性の強い，しなやかで速い知能をもつ。皮相な知能で物事や問題の表面にとどまる。	知能は活力としなやかさが乏しい。神経質型よりも事柄の深みに達する。
同化能力は良好で，特に言語表現においてよいので言語的テストでは有利である。応答は簡単で，時にオウム返しの傾向がある。	同化は神経質型より遅いが，言葉の表面より深い意味を把握する。言語テストは不利。応答が簡単にいかず黙っていることも多い。
あまり考えようとしない。一気にわかるかまったくわからないかで，理詰めの問題は解けない。	考え込んで理解に時間がかかり，問題を深く追求する。
好奇心が強く，周囲の何にでも関心を示す。関心は拡散的で，特定の問題に集中するのが苦手。さまざまな事実と現実に興味。	特定の領域に好奇心を示す。決まった主題に集中して，よそに気をとられない。そのため一種の知的な硬さが生じる。
機転がきいて即興に優れている。秩序はなく組織性に欠ける。	機転がきかず即座に対応できない。丹念，細心だが，巨視的な整理はつかない。
美的感受性に優れていることが多い。見かけの美しいもの，装飾，贅沢品，衣装が好き。	美的感受性は同じくあるが，上品で地味な表現。見かけよりも深い意味に引かれる。

■意欲面の適性

神経過敏型は概して意欲が乏しい。

また，活動エネルギーも乏しい（弱活動性nA）。内部深く発する意欲はなく，刺激に対して行動したがる。ちょっとでも困難に合うと疲れる。野心はあるが実現する力はない。

自我統制は凡庸である。なぜなら，情緒的で周囲の影響を受けやすいので沈着さをすぐなくしてしまうからである。

神経過敏型の意欲面の適性

神経質型 （感情性・弱活動性・即時型：E-nA-P）	感情型 （感情性・弱活動性・遅延型：E-nA-S）
活動性に富むようであるが，実際には絶えず外的刺激に応答していて，それが必要なのである。生来，遊び・動き・飛び回り・簡単なことをこなすのが好きなのであるが，実は仕事嫌いである。 自我統制は凡庸である。気が散るし，忍耐力がなく，混乱しやすく，消耗しやすい。感受性のおもむくままで，衝動を抑えられない。目前の誘いに抗し得ない弱さから，嘘をついたり，ものをくすねたりする。	動きのために刺激をほしがる。しかしその刺激は内的なものである。最も有効なのは限られた興味か，完成への義務感かである。それゆえ一定方向での集中が生じ，神経質型では不可能な仕事をやってのけられることになる。 自我統制は良好である。辛抱強く，節度があり，節約家である。衝動に流されない。しかしこの統制力は抑制が現実的な力の麻痺を招くことにより，しばしば後退してしまう。

2．活動型：弱感情性・活動性（nE-A）型

活動型の支配的特性は活動欲求である。いかなる状況でも，何かの活動で反応する。行動することをやめることができず，生きる最大の喜びは活動することにある。

■顔立ち

身体は堅固であり，骨格も筋肉も頑健である。**力感的膨張タイプまたは側面縮小タイプ**である。

顔立ちは堅い感じで，外枠は大きめ，肉付きは力感がある。受容器は肉厚で

硬い肉付き。

本能ゾーンに際立った拡張が見られることが多い。

活動型の顔立ち

多血型 （弱感情性・活動性・即時型：nE-A-P）	粘液型 （弱感情性・活動性・遅延型：nE-A-S）
見かけは重たいがしなやかですばやい身体をもつ。 顔立ちは膨張型で、平たい場合も、丸みを帯びる場合も、角の丸い四角形の場合もある。横顔はやや角張り、顎部は閉じ、額は傾いている。 受容器は開いている。眼は丸く顔のなかで目立つ。鼻は大きく、まっすぐか反り気味、口は閉じて、唇はぼってりと肉付きがよい（図55、左）。	足取り遅く、重たい身体をもつ。 重たい顔立ちで、四角形の起伏縮小型。横顔はまっすぐで、額は立ち、顎は張り出している。 受容器はくぼんでいる。眼は眼窩内にやや落ちこみ、鼻は肉厚でまっすぐか鷲鼻、唇は厚く、強く結ばれている（図55、右）。

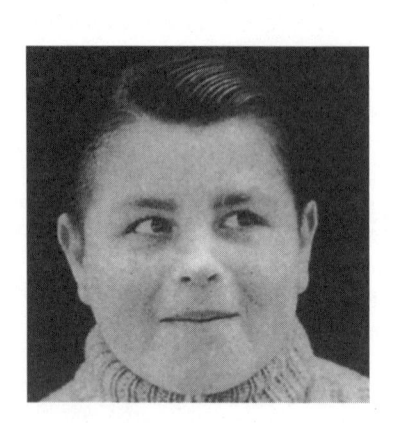

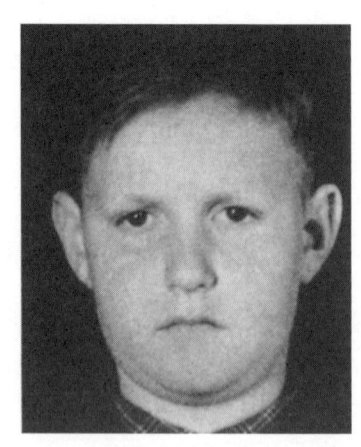

　これら2つの弱感情性・活動性（nE-A）タイプは重たい、肉付きのよい、力感のある顔立ちで、しばしば本能―活動ゾーンの拡張が目立つ。
　多血型（左）では即時性（P）により肉付きの丸みが強く、受容器は開いていて、にこやかである。
　粘液型（右）では遅延性（S）により肉付きには縮小が目立ち、受容器はやや隠れているので、静かで、陰気ですらある。

図55　多血型と粘液型

■身体活動能力

　活動型は平均以上の活動量を示し，常に動き回っている。疲労や悪天候への耐久力がある（野性性）。力はしばしば粗暴である（弱感情性nEによる）。活動することそれ自体を好み，活動のために刺激される必要はない。障害があってもくじけず，状況が苦しくても，やろうと思ったことを完遂できる。何かうまくいかなくても，へこたれず冷静を保つ。必要ならいつでも競争する心構えがあり，喜んで競争する。あふれるほどの活動量をもち，それを動く楽しみで費やす。

活動型の身体活動能力

多血型 （弱感情性・活動性・即時型：nE-A-P）	粘液型 （弱感情性・活動性・遅延型：nE-A-S）
すばやくしなやかな活動ができる。仕事があると，ただちにとりかかり，すぐに仕上げる。	多血型に劣らず活動的であるが，すばやさとしなやかさで劣る。その代わり理詰め，集中力に強い。
いつも忙しくしている（エネルギッシュに動く）が，同じ仕事にかかりきりではない。なぜなら変化が好きだからである（方向は一貫しない）。いろいろなことに立ち向かえる。	いつも忙しくしているが，ただ１つのことに向かうのであり，最後までやり遂げる。
絶えず何かをしている必要があり，何もせずにはいられない。家に込もっているのは苦手で，自由な大きな空間が必要である。	じっと座ったままの仕事も嫌いではなく，たとえば家で長時間，日曜大工に没頭したりもする。
グループ作業やチームでするスポーツは得意である。	しばしばひとり仕事を好み，単独プレーのスポーツをチーム・プレーより好む。
身体的な均衡のよさと力の貯えにより器用である。器用さは特に，即興的なことや運動で発揮される。ただし即時性のためにあわただしい動きが生まれやすい。座ったままの仕事では器用さが弱まる。	即興よりも，周到に準備した仕事で器用さが出る。しかし，時に遅延性が強いことにより動作が抑えられる結果の不器用が見られる。

■感情面の適性

　活動型では，感受性が乏しいために平坦な（変化の乏しい）性格，いつも気分が同じ状態に保たれ，周囲の出来事による影響をほとんど受けない。

　感情に導かれるのではなく，興味や理詰めで行動するのである。

他者への受容性は乏しく，むしろ他者へ働きかけ，他者から影響されるよりも他者へ影響を与えようとする。このため，他者との関係は粗野で無遠慮，繊細さに欠けるところがある。

活動型の感情面の適性

多血型 （弱感情性・活動性・即時型：nE-A-P）	粘液型 （弱感情性・活動性・遅延型：nE-A-S）
外向的性格で，活気があり，陽気である。開けっぴろげでよくしゃべるが，自分のことより行なっていることについて話す。	外向的ではなく，静かで，まじめである。おしゃべりではない。
社会生活への適応は容易で，友人も多く，趣味を共有する仲間も多い。深い友情とはならない。	頑固で適応しにくく，友人もあまりできない。
リーダー役を進んでとり，元気に人をリードできる。	支配者になり，遊びでも仕事でも，命令するのが好きである。
率直，開放的，野蛮なくらい自由気ままである。考えたことを口にするからである。	開放的ではなく，本心を隠しており，考えを口に出さない。
人間関係で傷つきにくく，他人にやきもちをやかない。しかし自制心が乏しく，人と衝突すると激しく怒り，手をあげる。しかし恨みを引きずらない。	傷つきにくいが，ひどい無礼を受けると少し経って冷ややかな怒りをいだき，恨みを引きずる。

■知的能力適性

　活動型は，受容性より活動性の知能，直観的よりも論理的知能をもつ。同化の才能は乏しく，自分自身で実現できることしかよく理解できない。したがって実務的な知識が多く，理論的な研究は好みでない。知能適性は物質世界，それも有用なものに向かう。

　考えは明瞭で精密であり，心に浮かんだことはその実現をめざすために使われる。人や物を評価する仕方は客観的で，感情により動かされない。しかし多くの評価において繊細さに欠ける。

　芸術的な才能は，想像力の湧出や夢を意味する限りでは乏しいが，工芸技術者としての才能はもっている。精密図，工業デザインなどでは優れた能力がある。音楽では優れた演奏者になることがある。

活動型の知的能力適性

多血型
（弱感情性・活動性・即時型：nE–A–P）

- 多方面へ開いた知能があるが，広いだけで深さが足りない。
- 物事への興味はあるが，思想，データ，名前には興味がない。
- 事実，日付，人名などの記憶力がよく，すぐ思い出せる。
- 衝動的，即興的で思いついた最初の答えですぐ決断する。
- 勘が働き，理詰めより勘を好む。

粘液型
（弱感情性・活動性・遅延型：nE–A–S）

- ある限られた領域に向いた知能であり，特殊的なものである。
- 抽象，思想，全体概念に取り組める。
- 限られた範囲の記憶はできる。記憶は組織立っていて，どれも位置づけがある。
- 衝動的でなく，即興性も乏しい。問題があると常に考え込み，吟味の後に決断する。
- 論理と理詰めで，すべてに理由を求める。

■意欲面の適性

　活動型は，活動性（A）のゆえに，活動エネルギーをもっていて，無為や怠惰と無縁である。しかし活動欲求に支配されているだけ，自我統制には欠けることになりがちである。

活動型の意欲面の適性

多血型
（弱感情性・活動性・即時型：nE–A–P）

- 瞬時の活動エネルギーをもち，人が助けを求めればいつでも応じる用意がある。衝動的なので，決断は早く，ただちに実行する。しかしエネルギーはあらゆる方向へ拡散する。
- 自我統制は弱い。自制できず，衝動性，忍耐力のなさ，暴力性さえ露呈する。熟考することはできず，障害が現われるとそこへ突進し衝突する。

粘液型
（弱感情性・活動性・遅延型：nE–A–S）

- 活動に時間がかかり，要請があっても応じるまでに時間がかかる。いったん手を出すとたいへん辛抱強く，最後までわき目もふらずにやる。
- 自我統制力は大きい。行ないを慎むことができ，一点に集中して行動できる。考え深く忍耐力があり，理詰めでいく。

3．神経過敏―活動型 ： 感情性・活動性（E–A）型

　神経過敏―活動型はいつも情熱的に生きる。感情生活も知的生活も激しい情

熱によって支配されている。情熱を傾けて生きることが好きで，そのようにさせてくれる状況を追い求める。

■ 顔立ち

堅固な身体，**神経過敏型より頑健**（活動性Aによる）だが**活動型**ほどではない（感情性Eによる）身体をもつ。

顔立ちは堅固であり，外枠は平均的な広さ，肉付きは**力感的膨張―縮小タイプ**である。顎に角度があるのが特徴で，額は分化しており，こめかみにくぼみがある。

受容器の肉付きはいくらか厚めであるが，形は繊細で，力強く引き締まっており，表情豊かに動く。

神経過敏―活動型の顔立ち

興奮型 （感情性・活動性・即時型：E-A-P）	情熱型 （感情性・活動性・遅延型：E-A-S）
膨張度は遅延型より大きく，顔立ちはより肉厚である。 受容器は開放的で，そのため鼻も口も突き出て「鼻面」となる。額は後ろへ傾く（図56，左）。 話すときに大きな身ぶりが伴う。	即時型よりやせている。顔立ちは骨格がより目立ち，起伏，くぼみが際立つ。 受容器は後退する。額の前面縮小が顕著で，横顔，とりわけ額はまっすぐになる（図56，右）。

■ 身体活動能力

神経過敏―活動型は平均以上に活動的である点も，基礎耐久力も野性味も活動型に比肩し得る。どんな仕事でも，いかなる困難な条件でも身に請け負える。遊びでもスポーツでもあふれるほどの活力をもつ。

しかし感情性（E）が強い値をもつという点で活動型とちがっていて，活動ぶりに激しさと性急な活力感を与える。たいへん闘争的であり，競争心が旺盛なために成果が上がる。競技スポーツに魅力を感じるのもこのせいである。

活動のリズムは総じて規則的である（活動性Aによる）が，刺激状況によってはピークに達する（感情性Eによる）こともある。

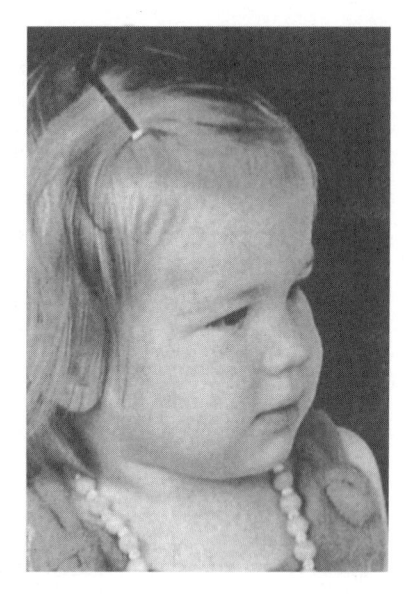

神経過敏―活動型は即時型も遅延型も起伏の多い顔立ちである。
　興奮型（感情性・活動性・即時型：E-A-P）の顔立ちは幅が大きく縦は短め、肉付きは力感に富み、受容器は開いている。
　情熱型（感情性・活動性・遅延性：E-A-S）の顔立ちは「起伏縮小タイプ」で、より変化に富む。しかし実現されるのは成人期になってからであるから、幼児期にこうした肉付きが見られると思い込んではならない。しかしこの女の子のように、こんなに幼い時期に、額や眼の辺りの特徴が現われていて、後の人格がどのようであるかを早期から予見させてくれる例もあり得る。

図56　興奮型と情熱型

　手には器用さをもち、時に力の貯えの大きさ（活動性A）と感覚の繊細さ（感情性E）があいまってたいへんに器用である。しかしそれは、活動性（A）と感情性（E）の間によい均衡がとれていて、情熱的な衝動の大きさを回避できる条件に恵まれた場合に限るのである。

神経過敏―活動型の身体活動能力

興奮型 （感情性・活動性・即時型：E-A-P）	情熱型 （感情性・遅延性・遅延型：E-A-S）
環境刺激を受けるとたいていの場合衝動的に反応するので、必然的に活動的である。しかし目前の状況に対応して力を散逸するの	即時型に比して活動性がやや低下する。それは特定の分野へ努力を傾注するため、環境刺激への応答性の低下、活動の連続性が

で，連続性に欠ける。
活動欲求が強く，大きな空間と外気が必要。閉じた空間でじっと座っている生活には耐えられない。
生命力があふれていて，際限なく動け，仕事も遊びも同時に続けられる。この散漫さのために仕事の効率はそこなわれる。
チームを組んで行なう競技が好きであり，観衆の声援で鼓舞される。
運動も即興性もたくみである。しかし忍耐力不足と衝動の激しさにより，ある種の課題はうまくこなせなくなる。

生まれる。
活動欲求はやはり強いが，じっとしていることにもある程度の耐性がある。
強い生命力をもつが，氾濫するにまかせず，注入先を選ぶ。遊びや本能の充足を必要に応じてあきらめられる。
単独または数人規模のスポーツが好きである。
3つの要因が均衡を保っている場合はたいへん器用であるが，感情性（E）の支配が強すぎる場合感情的緊張が生まれ，遅延性（S）が強すぎると抑制のため器用さがそこなわれる。

■感情面の適性

　神経過敏―活動型は，強い感情生活と強い情熱をもち，共感も反感も激しい。

　熱狂しやすく，他者との関係は早期から愛憎が分かれがちである。尊敬し愛するものへは献身的になれる。

　情熱が活力を生み出し，自分の限界を超えさせ，他の競争相手を凌駕させる。野心的で，平凡なことでは満足しない。

　平凡に大勢順応でいるものからは嫌われる存在である。しばしば既成秩序に反逆し，人を革命運動にまきこむ。

神経過敏―活動型の感情面の適性

興奮型 （感情性・活動性・即時型：E–A–P）	情熱型 （感情性・活動性・遅延型：E–A–S）
性急な情熱家で，あらゆる感情に激しく燃える。すべてに過激で必要の枠を超える。感情的熱意と誠実さとを兼ねそなえている。他者との接触を求めて，すぐ気前のよい愛情を示すことができる。 暴力沙汰も起こし得て，よく激しい怒りにかられる。怒りのおさまりは早く，あとを引かない。 大胆で血気にはやり先頭を切る。	内省的な情熱家で，必要なら感情を抑えることができ，そのため冷たく見られることもある。集団を好まない。選ばれた人としか友人関係を結ばない。人に献身するよりはむしろよい企画に没頭する。 愛憎とも激しい。抑えられるとしばしば感情がなおさら強まる。恨みはしつこい。 大胆だが興奮型より節度があり理詰めでい

熱意と雄弁をそなえた牽引者となり，組織した集団の指導者となる。 虚栄心が強く，自慢話と空想のあまり作り話をする。	く。 権威と組織への強い熱意を結びつける指導者である。 高慢な野心家。激しさは内在的で意志の力で常に抑えられている。

■知的能力適性

　情熱的な感情が知能にもたらすものはもっぱら活力である。この評価では，額の構造がすべてを決定する。**頭脳ゾーン拡張タイプ**では情熱的な活力が知的能力に貢献するが，そうでなければ知的な値は減殺される。

　ともあれ，神経過敏—活動型の支配的な質は，客観性や客観的冷静さではない。考えはいつでも感情と情熱的な生命の影響で満たされており，けっして抽象化されない。

　判断はしばしばある種の偏りがあり，時には熱狂的な信念にとらわれることすらある。

　想像力が強くて現実をねじ曲げる傾向もある。

　また，考えたことを現実として結実させることに熱心である。

神経過敏—活動型の知的能力適性

興奮型 （感情性・活動性・即時型：E-A-P）	情熱型 （感情性・活動性・遅延型：E-A-S）
情熱に突き動かされて活動的であり，あらゆる分野に興味を示す。しかしこの強烈な好奇心は自ら拡散してしまい，1つのところに長く集中されない。	同様に活動的であるが興味のある分野が選ばれ，興味の持続性が高い。
刺激の印象は生き生きしていて，受容してすぐに初動的な活動が鼓舞される。それゆえに即応性が高い欠点もそこにあって，あわただしい。	刺激の印象は生き生きしているが内在化されて，内省を活性化する。それが外に示されるのは醸成時間を経てからである。
突進力で前へ直進するので過去をふり返らない。興味があるのは現在と直近の未来だけである。思想は進歩的となる。	活力があり前へ進むが，過去の経験もまたしばしばふり返り参考にする。
人物や物事の評価は情熱の作用でゆがみがちで客観性を欠くが，他者に対して心を開いており他者の誤りにこだわらない。	判断はしばしば主観的であり，頑固さのために狂信者と見られる。
あることを思いつくにいたるや熱意と雄弁を	**興奮型**ほどには表明したがらない。慎みがあ

もって表明せずにいられない。同調者や反対者がいればとりわけそうなる。
考えの整理も事物の整理もあまりうまくない。もし整理や即応が可能だとすれば、小範囲のまとめ役程度である。

って、情熱を内に貯めておける。
限られた分野では几帳面である。その範囲ではよいまとめ役となり得る。

■意欲面の適性

神経過敏—活動型の活動エネルギーは感情のうねりを伴って強烈である。早期から大きな自発性傾向，野心，望みを達成することへの強い欲求を見せる。責任を進んで認める。他者をリードしていく才能がある。

自我統制は変動的である。それができるためには情熱的な感情に手綱をつけなければならないことを知る必要がある。あらゆる問題は，すでに述べたように，情熱を支配するのか，情熱に支配されるのか，ということである。とりもなおさず均衡の問題であり，評価は微妙なものになる。

神経過敏—活動的の意欲面の適性

興奮型 （感情性・活動性・即時型：E–A–P）	情熱型 （感情性・活動性・遅延型：E–A–S）
興奮型では障害が激しい活動エネルギーを駆り立てる。前進し、先頭を切り、解決に乗り出すことが多い。大胆で、どうかすると常軌を逸しているが、それが成功を呼ぶこともある。 優れたリーダーだが、真の指導者としては秩序正しさや努力の持続性が不足する。	情熱型は激しい活動エネルギーをもち、それが持続する。大胆だが節度があり、**興奮型**よりも理詰めでいく。目標を粘り強く追求できる。 活力からも組織性からも、真の指導者となり得る。

4．無力型 ： 弱感情性・弱活動性（nE–nA）型

無力型の支配的傾向は，人や物事に対する受動性と，安易で闘争のない生活への希求である。

■顔立ち

身体は大なり小なりどっしりとしているが，柔らかい。しばしば大きな身長

をもつ。顔立ちは長めの場合が多く、外枠は狭くなり、柔らかな肉付きで、起伏や激しい陥没はない。たとえば、両唇が高く少し角度がついたように出て、下顎は引っ込み後退する。

受容器は肉厚だが柔らかい。眼は球状で「グルーズ風に」[†]外に出っ張り、瞼はたれ目である。鼻は肉厚で耳たぶは柔らかい。口も肉厚で柔らかい。

[†] ジャン・バプティスト・グルーズ（Jean Baptiste Greuze：18世紀画家）。たれ目のこと。

無力型の顔立ち

不定形型 （弱感情性・弱活動性・即時型：nE-nA-P）	無感動型 （弱感情性・弱活動性・遅延型：nE-nA-S）
無力膨張タイプの傾向をもつ。額が傾いていて、横顔はふくらんでいる。 受容器は開いているが力感は乏しい。たとえば、口は肉厚で半開き、唇は柔らかくて血色が薄い。眼は球状で表情はあいまいである（図57、左）。	縮小への傾向をもつ。横顔はまっすぐで額は丸いが立っている。 受容器は閉鎖気味で力感が乏しい。たとえば、口は薄くて、裂け目だけ見せてしっかり閉じている。眼もまた、落ちくぼんでいて力感が乏しい（図57、右）。

■ 身体活動能力

神経過敏型と同じく弱活動性（nA）なので、**無力型**はあまり活動しない。根本的に耐久力や野性味に欠けている。すぐ疲れてしまい、困難に合うとすぐくじける。柔弱で怠惰である。

神経過敏型のように、外的刺激に反応するような活力をもたない。活動に駆り立てるほど興味を喚起するものは何もない。日常決まりきった仕事しかせず、そこから抜け出させるためには叱責や追い込み（空腹など）など、たいへんな刺激を要する。

仕事を与えられるといつも不平を言う。制約に対しては、自分の分を他人に押し付けるとか、なんでもやっつけ仕事ですますとか、最も安易な道を探す。

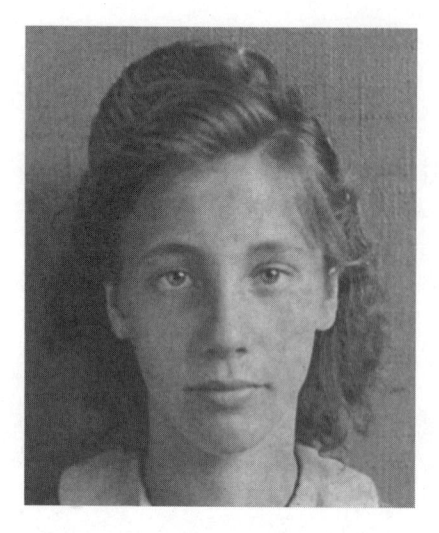

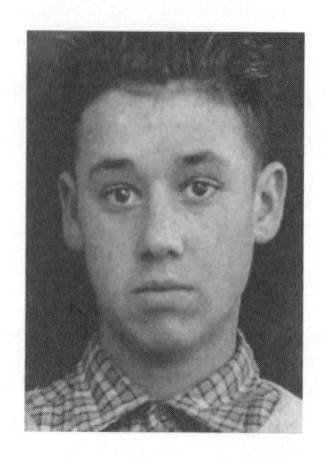

無力型は長く柔らかい顔立ちで、両唇はわずかだが角度がある。顔の長さ、肉付き、受容器の緊張度（力感）の程度により、無力性の段階がいくつにも分けられる。ここに示された例では、左側のほうが右側に比して柔らかさが目立っている（特に唇と眼に注意）。なお、この2人は無感動型というより不定形型に近いことに留意してほしい。無感動型という類型は若い年齢ではまれである。

図57　不定形型と無感動型

無力型の身体活動能力

不定形型 （弱感情性・弱活動性・即時型：nE–nA–P）	無感動型 （弱感情性・弱活動性・遅延型：nE–nA–S）
仕事を課せられるのを嫌う。少なくとも、やらせるのが容易ではなく、やらせても長続きしない。努力は続かず不安定でしばしば転職する。 幻想のおもむくままに歩き回るのを好み、しばしば家出する。	疲れをあまり感じず自発性の求められない仕事なら引き受ける。定型的な仕事を身につけ、同じことを単調に反復し、進歩もしない。 天性の引き込もりで無為に過ごすのを好み、動かず、何もせず、部屋に込もる。

■感情面の適性

　無力型の性格は冷ややかであり、感情も熱情も湧き上がることはなく、何事にも無関心で、愛も憎も熱狂も体験しない。

　受け身の感情しかもてず、甘さ、人のよさ、辛抱強さ、つつましさなどのつ

きあいやすさを感じさせる傾向があるが，実際は柔弱さと受動性なのである。

闘争心も乏しく，臆病で平和のためなら譲歩する。

野心はもたず，責任感も乏しく，良くしたいという欲求もない。

利己的な快楽欲（食や性）はもつが，それを獲得できるほどのエネルギーがない。あるいはそれを他人にしつこく頼んだり，何か安直な仕方で自力で達成しようとする。それは不道徳な行為へ向かうことを招くこともある。

頼りがいがない。他人のためとか優しさとかには縁がないのである。

無力型の感情面の適性

不定形型 （弱感情性・弱活動性・即時型：nE–nA–P）	無感動型 （弱感情性・弱活動性・遅延型：nE–nA–S）
この型の冷たさは，心の表面的な開放性（即時性Pによる）で，ある程度緩和される。この開放性は，時により生き生きした感情の表われと思わせるが，それは実際と異なっている。たとえば爆笑したり泣き出したりすることがあるが，それは行動に何の影響も及ぼさないし，深いところでは無感動なのである。	際立った性格特性は冷たさである。感動はけっして見られない。泣きも笑いもしない。何があっても穏やかさは乱れない。気分はいつも同じで，共感が乏しい。
衝動があればすぐ動かされ，ちょっとした本能の誘いに引きずられる。計算などはしようとせず無駄遣いする。簡単に儲けたがり，たとえば賭けやくじにはまる。	本能的な欲求は弱い。少なくともそれを抑え，一時の衝動に負けない。生活はいつも同じ習慣のままである。現状維持を望み，意想外なことを恐れる。
偶然をあてにしていて，生活の規律をもつことができない。	生活は規則的であるが，理性や感情によるのではなく，変化を恐れるからである。
目前の楽しみより遠いことは考えない。現在だけが大事なのである。	何より求めるのは静かな生活であり，平凡な楽しみ，簡単に得られる楽しみがよい。
変化を好む，たとえば食事の変化など。	変化を好まず，いつも同じ食事でよい。
社交好きですぐに君―僕の間柄になる。しかし本当の友人はもたない。	社交はあまり好きでない。だれとも親交は結ばず，孤独か，または身近な小サークルに入る程度で過ごす。
無駄話で時間を費やす。 虚栄心が強く，おもねりも強い。 道徳心がない。言われたことを守らない。誠実さに欠ける。責任逃れや自慢話のために嘘をつく。欲しくてたまらないものを黙って持ち出したりしかねない。	会話の興味は乏しく，話す才能も乏しい。 伝統へのある程度の従順さをもち合わせている。ある種の誠実さの素質をもっているため，相対的な道徳心を保っている。

■知的能力適性

　感情性（E）の値が高いことが感覚印象のもととなって、知能を涵養するということはすでに述べた。そこから推論すれば、弱感情性（nE）の場合、その作用がないこととなろう。もっとも、逆の一面では、感情生活が知能の撹乱的要因となることもあり、弱感情性（nE）によってこの撹乱要因から守られる作用があるために、その程度しだいでは客観的な冷静さが具わることにもなり得る。

　また、活動性（A）の値が高いことにより、思考には明晰な形式が与えられ、考えのすべての実現を可能ならしめるという二重の効果が生じる、ということも述べた。弱活動性（nA）の場合、反対に考えがぼやけており、実現もおぼつかない夢想にふけるということになる。

　すべては値の高さによるとともに、また額の構造によるのである。頭脳ゾーンの縮小がある場合は、弱感情性（nE）・弱活動性（nA）は否定的なものでしかあり得ず、大きな適応困難を引き起こすであろう。逆に、頭脳ゾーンの拡張がある場合には、実際生活への不適応の代償として、ある種の芸術的な才能にかかわりなしとしないような、知的な柔軟性が生じることになり得る。

　とはいえ**無力型**は、知的であったとしても実現化へのエネルギー不足のゆえに平凡の域を容易に脱することができないのである。

無力型の知的能力適性

不定形型 （弱感情性・弱活動性・即時型：nE–nA–P）	無感動型 （弱感情性・弱活動性・遅延型：nE–nA–S）
その開放性のためにある種の表面的適応と知的な能力をもつという誤解を生むことがある。しかしその好奇心はどの方面にせよ、うわべだけのものである。興味の対象はいろいろだが、些末なものである。 読書はたくさんするが、何を読んでもとりとめのないことしか憶えていない。 ほとんど内省せず、状況の第一印象を超える感情をもてない。 仕事ぶりは乱雑で手順が悪い。時間までに仕上がらない。	世界への適応が非常に悪い。遅延性が外界の刺激印象から遠ざけて、弱感情性・弱活動性がもたらす消極的なものを増幅することになる。自分自身の狭い世界に込もっていて、ほかに興味が向かない。 本をほとんど読まないか、または同じ話をくり返し読む。 内省的だが理解が遅い。愚かと見られがちだが、いくつも考えをつむぎ出す。 決まった仕事の一定の手順と段取りをもち、定まった時間内に仕上げ、正確である。

■意欲面の適性

無力型では，生命力の不足（弱活動性nA）と外界の刺激に応じにくいこと（弱感情性nE）があいまって，活動エネルギーは最小となる。自発性が乏しく，持続力にも欠けていて，すでに述べたようにいつも安直な解決を求める。

自我統制もほとんど大きくなり得ない。**無力型**では，受動的に本能傾向や欲求や環境圧力に従う。

無力型の意欲面の適性

不定形型 （弱感情性・弱活動性・即時型：nE-nA-P）	無感動型 （弱感情性・弱活動性・遅延型：nE-nA-S）
ある程度まで活動へ向かわせる可動性がある。しかしほんのささいな障害にあっても手を引き，逃げにかかる。受け身なので命令されると従うが，人が背中を向けるとすぐ手をひく。 自我統制は皆無である。本能傾向の圧力のまま，衝動的である。他者の影響にも唯々諾々従うが，持続はしない。	活動エネルギーが弱いのだが，定型的な仕事だとある程度の持続が可能。乗り出した仕事は，自発的にそのまま続ける。仕事の条件を変更されると途方に暮れる。 自我統制はむしろ強い。外部の影響を受け（弱感情性），また自発性は抑制されている。決まった習慣に閉じ込もる。

第10章

家庭内の子ども

「自然に対してその法則に反することを求めるわけにはいかない」という古いことわざは，子どもの教育にもぴったり当てはまる。よい教育者とは，生命を尊重し，とりわけ生命の拡張を支援することに熱心な教育者のことである。なぜなら生命の拡張は，人類のあらゆる進歩と創造的能力の最大の条件だからである。

相貌心理学の重要な利点は，このような拡張力の生命活動を視覚的に映し出して正確に理解させてくれることであり，発達の段階ごとに特有な生命の要求を直観に訴えて理解させ，受容させてくれることなのである。

1. 正常な発達

私は，乳児が栄養物を受動的に同化し（即時性：P），惰性的な運動（弱活動性：nA）と感受性の乏しさ（弱感情性：nE）から，生活の実態において無力膨張タイプ（あるいは不定形型；弱感情性・弱活動性・即時性：nE–nA–P）という分類にあたることをすでに述べた。その実態はまた，乳児の旺盛な成長力を説明し，依存と安全という生命保存上密接に関係し合った要因の介在が許され，不十分な生活力を補ってくれる保護的環境の理由も理解させるものである。

子どもの形態は，最初の数か月で少しずつ能動的拡張（感情性・活動性・即時性：E–A–Pと表示される力感的膨張型または興奮型）のほうへ転化していくにつれ，当初の受動性がしだいに強い活動欲求に席を明け渡すことになる。まさにこの時期（おおよそ1～2歳）こそは養育者の忍耐が試練にさらされる，子どもという存在の最たる時期である。というのは，この能動的拡張時期

の衝動的で無統制な運動的興奮は危険に満ちており，周囲の養育者の警戒なしにはすまないからである。何でもたたき，嚙み，手にするものを，また障害になるものをなんでも壊しかねないので，他の子どもにとって危険であるし，感受性も警戒心も発達不十分なので本人にとっても危険である。養育者は，子どもが能動的拡張の顔立ちを示すようになればなるほど，活動による満足を強く求め，「ひとりでやりたい」独立心をつのらせるものであることを知らなければならない。このときに子どもが行なう無数の小さな生活体験によって，保守本能のための感受性がはぐくまれ，次なる**制限的拡張**の段階が準備されるのである。したがって，この能動的拡張期は過度の制限を受けない十全な体験の保障が必要であり，あまりに厳格なしつけのために早期から激しい活動を抑制しようとするのは，後の発達に最も悪い影響を生むこととなる。反対に，**能動的活動の類型**に対してはその拡張のために十分な広さの活動場所，散らかしも騒音も許せる遊戯室や何をしても危険のないように整備された小さな公園を提供するのが望ましい。

　他方，**能動的拡張**から**制限的拡張**への移行という必然的な法則をよく理解するならば，乳児の活動に対して介入しすぎるのは控えるほうがよいことになろう。衝動性からいつ起きるのかわからない危険に気をつけ，衝動の制御については子どもが自力で学習できるにまかせるのが望ましい。理解と忍耐の２つは，この時期の子どもの成長を見守る養育者の最良の徳なのである。

2．性格類型と行動

　子どもの正常な発達は上記のようなものであり，養育者は，生命の拡張をできる限り保障する環境を提供しようとする以外には，介入しないほうがよいのである。

　私たちは子どもの発達が均衡を失いそうな場合に介入しさえすればよい。そのときに，相貌心理学は，子どもの**身体類型**のなかにその子ども固有の行動の主要な動機を明らかにすることによって，重要な役割を果たすことができるのである。

　第１には，実際の年齢からすればとうに経過済みであるべき発達段階に固着

してとどまっている傾向により，発達があまりにも遅いと見られる一群の子どもがいる（第1グループ）。

第2には，反対に，保守本能の出現があまりにも速く発現するために，発達があまりにも早いように見られる一群の子どもがいる（第2グループ）。

第1，第2グループの子どもの発達異常は，子どもの生まれつきの体質なのかもしれないが，また，正常な発達のために必要な環境条件の欠如による可能性も考えなければならない。

第3グループとして最後に，局所拡張タイプの子どもの特殊な行動についても調べることにする（第3グループ）。

拡張段階での固着（第1グループ）

発達の初期段階に固着している場合は，それが受動的拡張期であれ，能動的拡張期であれ，それらの時期にふさわしい子どもの相貌のタイプが（どうかして成人段階までも）明瞭に保持されているものである。

受動的拡張期への固着は**無力型膨張タイプ**で，ル・センヌで分類するならば不定形型に対応する型といえる。大食健啖家，ものぐさ，不十分な自立性が性格特徴である。

子どもについていえば，たいへん静かな赤ん坊，むしろ静かすぎる赤ん坊で，ゆりかごのなかに静かに横たわっていて，食べ物の要求以外には特に何を求めるでもなく，周囲のことに目覚めることもほとんどない型である。ここでもまた，私たちは生物学的なことと心理学的なこととを分離するわけにはいかない。能動的な拡張の欠如は気質にも結びついているので，養育者はその矯正のために，身体的な影響とともに精神的な影響をも与えるように介入しなければならないことになるだろう。外気（室内の換気や散歩など）にふれる生活，海や山の気候，栄養分は多様でもあまり脂肪分のない食物とともに，両親による活発な精神的な刺激によって，初期の気質がある程度まで改良され，正常な成長のコースが立て直されるかもしれない。

青年初期でもこの**受動的膨張タイプ**は，しばしば同様にものぐさ，柔弱でのんき，親や仲間への依存欲求（反動形成としての独立性の過剰な発現に隠されることもよくある）が際立ち，何事によらず安易な解決策を求め，とりわけ金

銭問題でそうなりがちである。このような口唇期のような受動的態度の現われは（あまりに早く大きくなる子どもなどでは）しばしば退行のせいであり、そうした口唇期的なものを生み出す原因とともに消失していくことが多い。

　能動的拡張期への固着は、力感的膨張タイプ、ル・センヌの分類なら興奮型に対応する類型の起因になる。その性格特徴は、衝動的な活動欲求（活動性A）およびまったく（内面に向かうことなく）外部世界と現実を志向する感受性であり、保守性による修正の力が働かないことである。成長しても、初期の衝動的活動への執着が続き、本能傾向に対する自我の弱さが目立つ。感情の発動は強く、その表われ方は愛他性と寛容性よりも貪欲な利己的なものが主となる。興奮を妨げられると攻撃と怒りが現われるが、そこからさめるのも早く陽気で真心のある性格にもどる。

　家族生活を愛して孤独ではいられない。近親者への愛着が強く、よく口論するが他者の無感情な態度には耐えられない。きょうだい間の競争心は身体のぶつかり合いで強く表現されるので、他者への接触欲求の大きさを現わすのであるが、それもたちまち愛情表現へと交替していく。養育は、子どもの欲するだけの生活空間により衝動的活動の場を与えられる限り、総じて容易であろう。

力感型縮小タイプと無力型縮小タイプ（第2グループ）

　以上の第1グループとは異なり、保守性の働きの強いタイプは、成長のままにのびのび拡張することは制限され、**縮小（保守）タイプ**の形態になる。

　第Ⅰ部第2章で見たように、縮小（保守）タイプの生まれ方はいくつかあるが、いずれにせよ肉付きが力感的か無力的かのどちらかで成り立つのである。

力感型縮小タイプ　顔の長さが短くて、頑健な肉付きで起伏が目立ち、肌も受容器も引き締まっているような子どもについては、**その縮小は活力型であり、生命力を集中させる結果の縮小である**と考えるべきである。成人なら起伏縮小タイプに関係し、ル・センヌによるなら情熱型（感情性・活動性・遅延性：E-A-S）に対応する。顔立ちのスタイルとしてはむしろ男性的であり女性的ではないが、女の子にこの型の顔が出現しないというわけではない。しかし予備知識のない人は、そのような子を見ると男の子と思い込むことがめずらしくないのである。

この型の子どもたちはその縮小により虚弱に見えるかもしれないのだが，その活発さ，経験したがりのあくなき探究心，求めるところに到達することへの執着心などに驚かされることがある。感情は燃え上がるのだが，対象が選択的である。苦しみにはよく耐える。何ものも恐れない。目つきは強く，情熱的でたいていの子どもたちの柔和さとは隔たっている。

　子どもの情熱的な激しさに対して同じ激しさで応じて対抗するのは，教育的態度としてよくないことになる。というのは，子どもたちを屈服させるのに成功しようと失敗しようと，彼らの生命力の最も価値ある部分を消してしまいかねないからである。この場合の教育方策はただ1つで，それは子どもの感情にまかせて，くつろぎのなかで，望ましいものを子ども自身の力で達成するのを待つ，ということである。

無力型縮小タイプ　縮小が**無力型**を呈する場合，顔立ちは長め，丸みのある輪郭，肉付きは柔らかそうで，縮小は局所的に見られる（たとえば，くぼんだ眼，へこんだ額や頬）。横顔でしか見られないこともしばしばであるが，いわゆる額の縮小，まっすぐな顎，まっすぐな鼻に，傾いた額という横顔がそれである。これは男性よりはむしろ女性的な顔のスタイルであろう。

　この場合の縮小は活力あるものではなく，**内向き**のものである。このタイプの子どもの行動は温和で，考え深い子どものものであり，その静かさとききわけのよさは好ましい。こうした子どもの教育は容易である。自発的かつ衝動的な天性によって，ごく早期からより洗練された家族のならわしに合わせた優雅さを具えた行動が学習されることさえめずらしいことではない。手本になるような，几帳面で清潔な子どもたちである。

　もしこの子どもたちが上に述べた情熱型の子どもたちに比べて教育上の問題を起こすことがあるとすれば，慎みと抑制が逆に生命の自発性を後退させ，創造的な力が枯渇させられてしまうことである。もとより，こうした天性を教育の力で変えることはできないが，あまりに早くから子どもに「温和な」行動を求めることにより天性をいっそう促すことになりかねないことを知っておく必要がある。

乾燥型縮小タイプ　縮小の第3のタイプは**乾燥型縮小**で，子どもでは明らかに病的な傾向と見られる。この構造は保守性の力の作用が強く，拡張性の作用を

いたるところで抑えつけていることを示している。このようなことは，有害な刺激に対する防衛がしばしば誕生以前から働いていたことに対応するものである。それゆえ，特に「未熟児」に多いことが理解されるのである。

　全面的な膨張の持続が「赤ちゃん顔」を大きくした子どもたちのものであることはすでに述べたが，ここでは逆に，縮小が「小さな老人顔」とでもいうような顔，小さな外枠，薄い肉付き，乾燥気味の皮膚，閉じ気味の受容器（くぼんだ眼，狭い鼻，「ファスナー」のような口）の顔を生み出すのである。

　すでに述べたように，縮小は環境の選択を示唆するものであり，縮小が強ければ，選択される環境もそれだけ狭くなる。極度の縮小タイプの子どもたちが，適応上の特別な困難をもつのは理解しやすいことである。この子どもたちは母親に極度に依存し，離れようとはしない。

　感受性はたいへん鋭い。それは内向きの感受性で，内部に起きることを生き生きと強く感じる。傷つきやすく，疑い深く，嫉妬深く，利己的に自分自身に沈潜する。生活条件や食べ物の選択には，たいへんデリケートである。眠りはささいな変化で妨げられる。

　排他的で，親の愛情をきょうだいで分け合わなければならないことが身につかない。敵対心は身体と身体の衝突ではなく，言葉による非難や敵意ある無視によって示される。

　孤独で仲間を求めようとせず，グループ遊びは嫌いである。その態度のために仲間が近寄ってくることはない。わかりやすい一例をあげれば，大部分の子どもたちは‘かくれんぼ’遊びをしても，いつまでも隠れていられず見つけてもらいたくなってしまって隠れたところから出てきてしまうのに対して，極度の縮小タイプの子どもは，ちょうどジュール・ルナールの小説『にんじん』の主人公のように，「みんなが忘れてしまっても，まだ隠れている」のである。

　保護環境を離れると「隠れ家反応」ですぐ家にもどる傾向があり，それはよく起こるので，一種の習慣のようになる。たとえば，遊びの最中にだれかに邪魔をされたりすると，どんなにささいなことであっても，家にもどって長いこと閉じ込もってしまう。

　いわゆる「虚弱体質」で，食が細く，具合が悪くなることが頻繁にある。児童期にはよく微熱を出すが，重病に罹ることはまれである。

このような児童期の極度の縮小タイプは，まれであることに留意しよう。多くの場合，縮小は限られた局所に現われるが，人格全体への影響は生じない。よく見られる２つの型は，**即時応答タイプ**と**感情型縮小タイプ**である。

　即時応答タイプはル・センヌの神経質型（感情性・弱活動性・即時性：E-nA-P）に対応し，すでに見たように，縮小型で小さな外枠（弱活動性nA）のなかに対照的な内枠，つまり，開いた（感情性E）繊細な受容器があることによって特徴づけられる。この型は「虚弱さ」，隠れ家への逃げ込み，無力型の時期，神経質，などの点で極度の縮小タイプと似ているが，自分の周辺世界への大きな関心と活発な応答性とによってまったく区別される。このタイプの子どもは見かけも生命感にあふれ，友だちを愛し，家族によく適応し，心は生き生きとしていて早くから利発さを示し，大きな期待をもたれる。一例をあげれば，即時応答型は発話が早い。聞いたことはすべて反復できるが，自らの力で言葉をつくることはほとんどないし，ろくに考えることもなくしゃべり続ける。このことはすべての分野で同じであり，安直であり，明敏さも深さもない。

　頭も心も開いているのでみなに愛される。加えて本人も気に入ろうとし誘いかけ，虚栄心が高く，周囲の人々によく思われることに熱心である。甘えん坊で，愛情表現がたくみであるが，そこに深みはなく，結びつきはもろく，「去るもの日々に疎し」という格言はこの子どもにぴたりと合う。

　いつも興奮のなかで生き，休息や静かさは好まない。田舎では退屈し，都会生活や人の多いところを好む。

　興奮しがちで疲れきるまで反応し続ける。病気のときには忍耐力がないのでベッドに寝かせておくのに苦労する。ベッドを抜け出し，起きて何かをしたがる。余力がなくなるまでそのようにする。やがてたとえば消耗しつくしたりすると，消耗が大きければ大きいほど唐突に不機嫌状態という隠れ家反応に陥り，その性格的な急変が人を驚かす。

　この型の子どもについての教育上の問題は，応答傾向が過剰に及ぶことのないように気をつけることである。まず量的な過剰がある。あまりに豊富な環境で興奮を誘わないようにし，健康生活（栄養や睡眠）をよく管理して子どもができることに気を配り，余力を蓄えるようにしなければならない。そうするこ

とによって顔立ちの枠にいくぶんかの形態上の膨張が生み出されるであろう。顔全体が受容器に「喰われて」しまったような過度の縮小枠は，逆に余力が消耗しつくされていることを示すので，突発的な病気や，少なくとも無力状態のような突発的防衛反応が心配されるのである。

　上記のような反応過多による量的過剰だけでなく，質的な過剰もある。周囲へ開いているので，遭遇したすべてのことに素通しで影響されやすく，（枠の狭さによる）力不足のために，悪い影響にさらされると悪にも染まりやすい。

　感情型縮小タイプはル・センヌの感情型（感情性・弱活動性・遅延性：E-nA-S）にたいへん近い。縮小は特に感情ゾーンで生じて，鼻脇前面縮小タイプを生み出す。鼻翼の両側に位置する部位が後退しているため，眼は眼窩の奥に沈み，鼻翼は萎縮して鼻腔の開き方を狭める。感受性は鋭いがたいへん内向している（防衛のための過感受性）。外部の刺激印象はすべて衝撃を生み，傷つけ，屈折した態度を強いるものとなり，社会を忌避させるものとなる。ほとんど病的に傷つきやすいので人に近づきたくなく，孤独を求め，しばしば愛されていないという感情で意気消沈している。心を明かさない性質で，すすんで自分を開示することはなく，思いはいつも胸に秘めているので，悲しい悲観的な人と見られることが多い。その胸のうちを明かし，自己を開放させるためにはたいへんな忍耐と気休めを必要とする。まわりの人が雰囲気をつくってあげなければ閉じ込もりから出てはこない。

　即時応答タイプと対照的に，遅延応答タイプのこの型の子どもは都会よりも静寂な田舎に引き込もった孤独のほうを好む。感情型縮小は人との関係の世界を明らかに狭め，親または友人ただひとりとの排他的で執着的な関係に閉じ込もりがちとなる。利己主義が支配的となる。それはいわば生きていくうえの不可欠の条件だからである。

　顔立ちを診立てるには，このような子どもでは頬と鼻の形に注意が必要である。というのは鼻脇前面縮小タイプと連関して頬を前方へふくらませたり，鼻をかなり高くしたり，あるいはその両方が結びついて前方へ出させるために外枠の拡大が頻繁に見られるからである。この場合，縮小によって妨げられた感情の拡張への強い欲求という対照を見るのである。ル・センヌの概念でいえば，**感情型―半情熱型**にあたる。深い感情への強い要求をもっていて感情はた

いへん豊かなのだが，それを表出することに困難があって抑えられているのである。特に人との感情的な関係をつくりにくいことが，しばしば子どもの優しさを自然や生き物へと向けさせる。

　このように豊かな感情の抑圧は存在の深部に蓄積され，屈折した仕方で飢えの癒しを求めようとする。ある場合それは唐突な感情爆発であったり，情熱や愛情の飛躍であったりするが，子どもを閉じ込もりへ回帰させたくないなら，すげなくすることは避けるべきである。またある場合，それはほかの心的領域へ感情エネルギーを転移させたりもするが，頭脳ゾーンにいくぶんかの拡張が見られるような場合，抑圧された感情が夢や空想的産物に表現され孤独を癒すことがしばしば見られるものである。

■局所拡張タイプ（第3グループ）

　成長進化の過程で特殊な顔立ちを示す性格類型はほかにもある。ここでは局所拡張タイプと名づけた類型について見ていくことにする。これは数ある**膨張―縮小タイプ**の1つで，ある部位で膨張し，他の部位では縮小した型である。局所的な拡張の優位な顔立ちは早期から認められるので，初診時でもその子どもがほかと違った行動を示す理由が了解できる。

本能ゾーン拡張タイプ　顔の下部の大きさを特徴とする。早くからたいへん強い本能的欲求を示す。本能の表われは一様ではない。

　受動的拡張の場合，具体的には丸い肉付き，無力型の肉付き，肉厚で柔らかい口唇部をもつ子どもの場合では，受動的な本能が支配的で，食欲と物質欲を中心に，努力なしで他人が欲求を満足させてくれるのを待つ。

　能動的拡張の場合，具体的には肉付きが平たくて固く，唇は上下が固く結ばれた子どもの場合では，能動的な本能が目立ち，本能的な活力は実際的な活動から派生する。この型の子どもは活動欲求が強く，有用な仕事，家事，大工仕事など喜んでこなす。スポーツも大好きで上手である。助けを求めれば，まったく自然にやってくれる。

感情ゾーン拡張タイプ　顔の中間ゾーンの拡張を基調としており，感情の欲求が大なり小なり平均より大きい。人の存在が必要である。両親への愛着が強く，きょうだい，友人へも同様である。このタイプの奉仕活動は，本能ゾーン

タイプが活動欲求によるのに対して，他者を喜ばせ，気に入られたいためである。早くから愛と憎しみを知る。優しいこともあり，情熱的であることもあるが，無関心であることはない。

　感情のおもむくままであり，理性で抑えることはほとんどできない。まわりのものが理屈で説得することもできず，感情に訴えるほかはない。このタイプが少年より少女に多いことに疑う余地はない。

　詳述は避けるが，本能タイプと感情タイプが併存することも頻繁に起こることを記しておく（第Ⅰ部第3章，2節）。

頭脳ゾーン拡張タイプ　頭脳ゾーンの広さを基調とする顔立ちで，早期から考えをめぐらせることへの興味を示す。ここでも額部の肉付きによる区別が必要である。

　丸みのある額，丸い目，表情に力がない**受動的拡張タイプ**では，あらゆる幼い子どもに自然に見られるような感覚印象の受動的な受け入れ傾向が強い。現実化することはないが，夢を見るような豊かさに満ちた空想が顕著である。本への興味がたいへん強いことを強調しておかなければならない。この型の子どもは少しでも暇があれば座って絵本や読書にふける。何時間も，続けて何冊でも手当たりしだいにえり好みなく読み，読んだ事柄は特段に分析されることも批判的に検討されることもなく頭に残る。あるいはまた音楽を聞くが，のんびり聞くだけなので音楽家になるようなことにはならない。騒々しいとかやかましいという他人が困惑する事態にはけっしてならず，むしろ静かでもう少し活発だといいと思わせる。夢想的な傾向から家庭生活への不適応を生むことがめずらしくない。物事にも考えにもあまりまとまりがつけられない。執着する事柄といって特にはない。物事を軽んじがちで，お使いの途中で言いつけられたことを忘れたりする。

　額に分化があり，眼が丸くなくて力のこもった目つきをした，**能動的および制限的拡張タイプ**では，想像力の豊かさが家庭生活に役立つ実用的な意味を示している。この型の子どもの特質は，考えることが実際の実用的な方面に合致していて，頼まれたことに有効なものをもたらすことである。

　調和の大切さはここでも同様である。額部拡張が知能のよさの条件となるためには，第1に，額の各部分の均衡，内省と想像力のゾーンである眉弓の均衡

がとれていなければならず，第2に，思考の「貯水池」である額と，外部情報の摂取口である眼という受容器との均衡がよくなければならない。たいへん大きな額をもちながら，眼窩に落ちくぼんだ小さな眼の子どもたちの場合，思考が環境との接触で更新されにくく，迷路のように堂々めぐりしがちなために，知能が平凡になるということを思い出しておこう。第3に，額の広さと残り2つの部位，すなわち感情生活と本能―活動のゾーンとの間にもある程度のバランスが必要であり，頭脳部位があまりにも際立ちすぎるものは，思考が現実離れして有用性を欠く傾向となる。

「健全なからだに健全な精神が宿る」という格言は，上述の均衡についての要請にかかわって健康上も教育上も重要なのである。子どもの生来の傾向がその役割を演じながら，環境の影響によるある程度の修正可能性を示すような範囲で，私たちは，生活の衛生管理によって，また身体活動への誘導によって，頭脳部位の支配を良好な適応をめざして均衡に導くように努めなければならないのである。

第11章

学校内の子ども

　私が子どもを**家庭内の子ども**と**学校内の子ども**の2つに分けて示すのは，事柄をはっきり理解してもらおうとするからであるが，いうまでもなく性格や知能の現われ方は学校生活でも家庭生活でも同じことなので，このような分離は多分に人為的なことである。知的能力の開花ということが学業の主要な目標であるとしても，感情面の能力適性もまた重要である。知能を精一杯展開できるか否かは，ともに生活する教員や同級生たちのいる学校環境への適応にかかっており，このことは感情面の能力に事実上左右されると見られるからである。

1. 学校への適応

　学校に入ることは，家族の保護のある環境を初めて離れ，まったく見知らぬ環境に投げ出されるのであるから，どんな子どもにとっても人生上の大きな試練である。すでに見たように，拡張性の著しい子どもたちにとっては生活環境を拡張することはたいした苦労ではないので，学校環境へ困難なく適応する。しかし拡張性の乏しい子どもたちは緊密な保護を必要とするので学校への適応は簡単でなく，無理やり学校へ行かされるような場合には，進歩ということをいっさい拒否するような退行のかたちで防衛反応を示すことがあり得る。
　第Ⅰ部第2章において，顔立ちで区別される3つの類型を具体的に示すために，新入学時のそれぞれの反応を例示しておいた。すなわち，**膨張タイプ**は非常に容易に適応し，**縮小タイプ**は適応がむずかしく，**膨張―縮小タイプ**は意識的な制御により少しずつ適応を達成していくのである。

2. 教師の役割

　教師は，おそらく担任する子どもたちの性格類型の多彩さについての知識をもっとよく知っていることが必要であろう。というのは，教師と生徒間の感情的な関係が，子どもたちの人格形成においても勉学においても重要な役割を演じることを否定できないからである。よく知られているとおり，はじめに「悪い印象」をもつと，それだけで学校がいやになって不登校などに陥り，悪循環に陥りかねないのである。

　即時応答タイプの子どもは，世界に向いて開いていて適応も容易なのでほとんど問題を起こさない，というのは学校教師側にはよく知られたことである。感情の接触についても知的な接触についても，この子どもたちはすぐに高く評価されやすく，教師たちはそのかわいらしさ，従順さ，学習意欲，質問への反応のよさをほめるであろう。**膨張タイプ**と**応答タイプ**とはここでもまた同様な位置にあり，よく分化した頭脳ゾーン拡張に恵まれた場合，やすやすとクラスのトップクラスを占めることになるであろう。

　逆に，**遅延応答タイプ**の場合は複雑になる。（極端ではなく）ほどほどに遅延型の子ども，たとえば**前面縮小タイプ**の子どもの場合，即時型に比べて性格的な開放度は乏しく知能の活発さでは劣っていても，一定期間経過するうちに，教師のよい評価を獲得できるようになり，そのまじめさ，内省力，しっかり系統立った精神が認められるようになる。

　遅延性が激しい顔立ち，たとえば，適応環境が狭く制限された縮小タイプの子どもたちの場合には，問題が生じ始める。この場合，すべては教師の手腕しだいである。もし教師が公式な書類によって，あるいは，性格的な条件で子どもとの密接な関係に恵まれて子どもをよく理解することができ，選ばれた親密な関係をうまくもつことができるならば，生徒は開花し向上していくであろう。逆に教師が，子どもの抑制と参加拒否に怒ってしまい，正面衝突するならば，子どもにはますますブレーキがかかることになり，同じことが循環することになるであろう。あるいはまた，**感情型**や**無感動型**のような無力的な子どもだと，教師の反感を感じるか，それが意図的なものであれ無意識のものであれ自分のなかに閉じ込もり，教室に無関心となり（注意—拡散），白昼夢のよう

なところに逃げ込むことになる。あるいはまた情熱型のような力感型なら，無理解と思われる教師に対して敵意をむき出しにして，勉学に大きな支障が生じるのもかまわず，こうしなさいと言われたことの正反対のことを精一杯しようとする。これに関連していえば，知能が高いにもかかわらず，感情的な反抗のために成人レベルまで学業の挫折が尾を引いている例がよくあることに注意すべきであろう。

　感情性（E）という要因の役割にもまた留意しなければならない。性格的にこの要因が支配的であり，十分な活動によって均衡をとるにいたらないような場合，この要因は混乱を引き起こしかねないものとなる。これはまたしても，縮小型，特に神経質型と感情型（感情性・弱活動性：E-nA）では，教師の小さな叱責に対しても過剰に反応し，質問されると混乱し，ちょっとむずかしいとうろたえてしまい，失敗が雪だるま式に次の失敗を生むようなことになる。情緒の過剰はどうかすると，他人が叱られているのに，罪を自分に同一化して泣き出すというようなことすら引き起こす。試験の際には，この型の子どもはびくびくして，そのために彼らの知能と知識からして冷静なときなら簡単に解けるはずの問題にも失敗する。生来の体質のみが唯一の原因とはいえず，児童期の環境によっては神経過敏性をもっと緩和できる可能性もあるであろう。こうした情緒性は縮小型の児童の悲しい特性であり，彼らが開花するのは限られた選択的環境に向かってのみである。だからこそ，学校の教師はそれを知ることにより，その開花に向けて精一杯の援助ができるのである。教師は感情型の内向的（ないしは遅延的）タイプに対しては，特に注意しなければならない。こうした内向的な子どもでは，混乱が赤面やふるえや涙がちな眼など見える仕方では表われず，表情が隠されるため，逆に教師に対して冷淡だと取りちがえられたうえ，叱責を受けてもっと悪いことになりかねないからである。

3．感覚運動的知能

　既述のように，身のまわりの世界への子どもの適応は，受動的同化と能動的同化の二様の仕方でなされる。1つは環境から生体への入力で**受容性**といえる。もう1つは生体から環境への作用で**活動性**といえる。

後にどのように発達するにしても，知能は初期のこれら2つの極のあり方を保持し続けるであろう。感覚受容器が開くことによって生じる受容の様式によって，知能はあらゆる種類の感覚印象を獲得する。活動の様式によって，外部世界を制御することを可能にする。

　学校の初歩段階なら，受容と活動の二態で勉強についていける。生命活動の拡張を保有した子どもたちにとっては，小学校はたやすくこなしていける。この子どもたちには，膨張型，即時応答型，および，ル・センヌの体系では感情性・活動性・即時性（E-A-P）の興奮型と神経質型近縁型（神経質—半興奮型のように活動性がけっして弱くないもの）や多血型近縁型（多血—半興奮型のように十分の感受性に富むもの）などが入る。

　小学校段階では生命力の拡張のみが受動態および能動態で作用し，知能のあり方は純然たる感覚運動性のものである。物事の知識は直接の接触によってつくられる。考えるのではなく，感じられ，体験されるのであり，**知能**というよりはむしろ**本能**であるといえるほどである。このような現実理解のあり方，本能と勘を信じ，あまり考えないあり方が持続し続ける成人がたくさんいることに留意しよう。使い慣れたもの，よくなじんだものの世界で生きる人にとっては活動を左右するような思考はまったく必要ではない。暗闇のなかでも在り場所のよくわかっている本を探すのに必ずしも明かりはいらないし，時間もかからない。しかし本がいつもの場所から移動されているなら，光と意識的な走査が必要となるのである。

4．内省的知能

　同様にして，内省的思考はそれが必要となって初めて出てくるものである。慣れた事物と単純な問題への単純な反応ですむような世界が，未知の事物と本能的な勘に頼って解決するわけにはいかないようなむずかしい問題の世界へと移ったときに，内省が存在するようになる。「**行く手がはばまれるとき思考が生まれる**」とポール・ヴァレリーは言った。まさにそのとおりであり，活動が何かの障害に出会ったとき初めて思考が顔を出すのである。思考の本来はぜいたく機能や絵空事ではなく，身の安全欲求に結びつき，この欲求を充足するた

めの保守本能に結びついた有用な機能なのである。

　小学校段階における子どもを，もっぱら反射的な存在である衝動的な応答傾向から遅延活動へ，すなわち，刺激と反応の間に過去経験を想起できるような無活動の時間の介入へと替わっていくのは遅延性の作用，相貌心理学的な用語でいえば保守性の力が働いて，拡張が制限を受けることによる。こうして内省的な思考が生まれる。それは優れて意識的な過程であり，状況が知覚され検査され，過去経験の記憶に照合され，その結果に基づいて環境の要請への的確な応答が何か，いかなる行動が最もふさわしいかが決定されるのである。

　学業レベルが高くなるにつれて，こうした内省，組織的方法，一般性のある考え方のような遅延性の作用する諸能力，言い換えれば制限的拡張タイプの能力への必要度が増す。簡略にいえば，内省的思考の要請はとりわけ中学校レベルの勉強で始まるのである*。

　　* 小学―中学の即時―遅延という質の差が即時応答型と遅延応答型からきていると誤解してはならない。それはまったく偶然の一致である。この一致は実は意味深いものではあるのだが。

　小学校では，教師と子ども間の緊密な感情的関係が刺激であると同時に支持基盤でもあり，生徒は教師から与えられる知識を受動的に同化するのが主で，即時型拡張で十分である。しかし，中学校では，生徒はもはや1人の教師に寄りかかることはできず，自力で考え学業を組織的にこなしていかなければならない。活動傾向と思考傾向はともに重要になり，学業の成功はところを代えるのである。成功の条件はここでは遅延型（制限的拡張）の特性向きであることが多くなる。ただし十分な活動力が必要なので，**情熱型**（感情性・活動性・遅延性：E-A-S）や**粘液質**（弱感情性・活動性・遅延性：nE-A-S）に合っていることになる。相貌心理学的にいえば，ここには**前面縮小型**のあらゆる顔立ちの型があげられる。ただ活動性と遅延性の配分に注意すべきことはいうまでもない。その理由は遅延性が増せば増すほど，顔立ちに強い縮小が客観化されるのだが，活動力が大きいということが，抑制に打ち勝つために欠かせない活力を得るうえで必要だからである。これにより，感情型（E-nA-S）は知能が高いにもかかわらず，その情緒性と遅延性のせいで努力不足になりやすい。逆に，もし感情―半情熱型（感情性・活動性・遅延性：E-A-S）のように活動

要因の欠如が強すぎない場合なら，感情性と遅延性とはプラスの作用をもち進歩に役立つことになる。ここですでに第Ⅰ部第3章で述べた，活動的—鼻脇前面縮小タイプと抑制的—鼻脇前面縮小タイプの区別をもう一度見直すことになるのである。

　知的な活力に有用なこの活動性は，いうまでもなく無力型（弱感情性・弱活動性：nE-nA）では不足する。即時型（不定形型）だと，世界に向かって開いていることにより，特に努力を要しないような分野すべてについての成功は容易であり，あるいはまた，褒美が約束されるとか，罰の恐れとかが一時的にせよ無気力を克服させてくれる限り成功する。しかしその成績は均等にはならず，時々の気まぐれに左右されることになる。遅延型（無感動型）では影響を与えることができにくく，型から抜け出させるのはたいへんむずかしいであろう。

　ここで，すでに第2章で人体各部位への生命力配分に関して述べたことを再掲するのがよいと思われる。成長が圧力を受けて大部分の生命力を吸収されてしまう場合には，外的活動への配分はほとんどないことになる。上述の無力型のように拡張性の乏しい気質では，こうした欠如が最大になることが明らかである。

5．頭脳ゾーンの拡張

　ル・センヌでは，知的な要因についての考慮が欠けているという点はすでに指摘したところである。

　これまでのところ私は，知的要因については受容性，活動性，前面縮小という，いわば**生命の条件**であることについてしか触れてきていない。しかし前記でも見たように，人類の本質は，最も完成された思考の条件であり，一般的な概念と思想，創造性あふれる想像の基礎を与える**頭脳ゾーンの拡張**に存在するのである。

　局所拡張についてすでに第Ⅰ部第3章で詳述したが，この説明は学業についての適性を理解するうえでも役に立つ。支配的な拡張が生じているゾーンによって子どもたちの主たる関心の向かうところが決まり，それによって好みの分

野，最もよく発達する能力，人格が十全な開花を遂げる可能性などが規定される。

本能―活動ゾーン優位タイプ（多血型と粘液型）では，子どもの関心は純粋に物質的分野に向かい，世俗的な欲求にとどまる。知的関心も実用向きとなる。具体的，実用的で，手続き的知識を開く分野でないと勉強する関心が生まれない。勉学というものが好きになれず，大きくなるにつれ，早く学校を終えて「仕事につきたい」と願う。この子どもたちは教師や，学力に重きを置くような親の眼には知能が乏しいように写る。しかし本能―活動型のこうした子どもたちについて，低い地位に追いやったり取り合わないようになったりするのではなくて，実用的な学習に振り向けてやることに意を用いれば，彼らがもっているものを公正に評価しそこなうという誤りを避けることができるであろう。

感情ゾーン優位タイプでは，子どもの行動の主導要因は思考ではなく感情である。学業の成否は家でも学校でも，その大部分がどんな感情的励ましを得ることができるかにかかっている。言い換えれば，このタイプの子どもは，特に感情や直観に訴える知識分野でよい成績を収め，興味の向かうところも文学，言語，詩歌，世界史などで科学や工学ではない。知能は主観性の強い刻印を受け，心情が理屈を押さえ込むことが通常である。考えることも感情に強く規定されていて，それが特別な活力を生み出すのだが，他方，それにより客観的現実への一致が妨げられることがあり得る。**感情型**（感情性・弱活動性・遅延性：E-nA-S）の場合は　その考え方は主観的な夢想をはぐくむ。情熱型（感情性・活動性・遅延性：E-A-S）では，活動性（A）による現実家としての能力により，その考え方はなんらかの教条的狂信に影響された活動を生み出すこともある。第Ⅰ部で述べた頭脳―感情支配タイプのことを再考してみよう。このタイプの子どもの場合，2つの支配要因が協調し合うのか，それとも対立し合うのかを知ることが問題となる。協調の場合，そしてその場合に限るのだが，知能は感情的活力に鼓舞されて，特別な豊かさを実現できることになる。

頭脳ゾーンが支配的な型は，勉学向きの特別な適性をもつことになる。すでに述べたように，大きな額をもちさえすればよい生徒というわけではない。分化と調和がともに必要だということを思い出してほしい。大きな額は知的同化

力の豊富なことを示すのである。しかしこの同化の「質」が問題である。あるがままの物質や白昼夢のように洗練度の低い混乱した印象なのか，よく練り上げられ内省された考えなのか，それが額の分化しだいであることはすでに述べたとおりである。丸みのある未分化な額なら前者であり，分化した額なら後者である。

　また**額が眼と調和しなければならない**ということを想起しよう。眼が大きく世界に向かって開いていれば，環境からの情報摂取が豊かで，知能は絶えず外界からくるものによってはぐくまれる。逆に眼が小さく，世界に対して閉じ気味だと，思考は外界の事物を逃れて堂々めぐりしてしまい，情報交換が希薄になる。眼の大きな子どもたちは（視線が生き生きしていればなおのこと）額の広さの大小にかかわらず勉学に向いているのに対して，眼が小さな子どもたちは，たとえ大きな額をしていて，そのため想像力に独創性があったとしても，教えられる知識の吸収力が乏しく，学校ではしばしばうまくいかない。

　また額とその下方の2つのゾーンとの間の調和が必要なことも想起しよう。先に感情ゾーン拡張がもたらす知能の活性化について述べたばかりである。それと同様に，本能ゾーンのほどよい拡張も大切であり，それにより知能は物質世界のしっかりした支点と現実的な有用性とが保証されるのである。よく分化した額とその下方ゾーンの強い縮小を有する子どもは一般に学業を好むが，実践よりは理論を愛好する。そして本から得た知識についての試験などでは成功を収めても，世に出て学習したことを実際の仕事や人間関係のなかで具体化する必要が生じたときにしばしば失敗することになる。

　逆に，頭脳ゾーンが平均的でも下方の部位2つの生命力がほどよく拡張している場合，見かけ上純然たる知的な能力は乏しくても，仕事熱心と具体的現実への適応のよさにより，上記の子どもよりも勉学に成功することもあり得るのである。

　ここでもう一度，古いことわざを思い出そう。「健全なからだに健全な精神が宿る」。仮に子どもの天性の知的適性を深いところで修正することができないとしても，適切な学校教育によって生命力のよりよい均衡を達成することは可能なのではなかろうか。たしかに強く際立った偏りがある場合，これを矯正することが容易でないことは経験的によく知られている。もっぱら思弁的な勉

強にふける図書館の雰囲気にしかそまれない子どもが，適当な身体活動でバランスをとるようになるということはまれなことである。しかし早期にとりかかれば，そのようにうまく導ける例もあり得る。学校がこうした問題を理解することの必要性があるのではなかろうか。あまりに長時間にわたり勉強だけさせておいて，身体全体の欲求，外気と運動，手足を動かす欲求を充足させそこなうことは避けなければならないであろう。

6．学業への動機づけ

　学業への主要な動機づけのあり方は，子どもがどの性格類型に属するかによって異なる。外的動機づけと内的動機づけを区別するほうがよい。
　即時型（受容器の大きく開いた膨張タイプと縮小タイプ）では学校活動は生活環境からの誘いに刺激されて生じる。児童生徒を努力させるのは名誉欲やご褒美であったり，友だちに勝つ競争心であったりする。あるいはまた，これよりやや深みのあるレベルで，自分がよくやることによって親や教師が喜ぶことによる感情的な関係であったりもする。前者は，天性虚栄心が強い応答型の子どもによく見られるであろう。後者は，感情型拡張の子どもに多いであろう。
　遅延型（さまざまなレベルの縮小タイプ）では，仕事への動機づけはより個人的なものとなる。活動が支配的な場合（力感型縮小タイプ）では，自分自身にとって最も気にかかるものの実現欲求が強い。それ以外の場合には，それぞれの関心に刺激されて行動する。この刺激は局所拡張の見られるゾーンによって異なる。特に本能拡張型の興味は具体性があり実用的な知識に向いていることはすでに述べたが，この種の知識についての学業成績は非常によい。
　局所に集中した縮小タイプ，特に強度の鼻脇前面縮小タイプでは，本能－感情生活の後退により引き換えのように規則と秩序の反動形成が生まれ，道義的戒律のような動機づけが生じて学業は興味よりむしろ義務感によることになる。
　最後に，頭脳ゾーン拡張タイプの動機づけは，知的関心，知ることへの欲求による。これは動機づけとして最も強いものであり，学校で教えられるものを学びたがるだけではなく，知的な探求を生活の目標とするところまで導いていくのである。

結論

　かつて心理学的知識への道は，少数の専門家たちにのみ許されたものであった。そして専門家たちにはまず特別な適性が求められ，ついで長期間に及ぶ生まじめな研究を持続し深めていくことが必要とされていた。

　こんにちでは事情が反対である。人々の意識は多方面に拡散し，各人があらゆることに首を突っ込み，いっときの興味でさほど研究を深めることもないままに，問題に通じていると思い込みがちである。

　私の著作がすべての読者の理解できる範囲に収まることは望ましいことであるが，ある人々にはやはりどうしても難解なものに見えるであろう。一気呵成に読みとばして，顔立ちの特徴から子どもたちについて知ることができるようになるのではないかというような，安直な考えを戒めるためにも，本書が容易とはいえない本であることを私はここで明言しておきたいと思う。

　顔立ちを診る力は「一日にしてなる」ものではない。それにふさわしい修練，すなわち，長続きする興味に支えられた毎日の注意深い研究の成果として得られるものなのである。子どもの人格の隠れた側面は，たゆまざる研究と診立て方の習得を望もうとしないものには正体を表わしはしないのである。

　こうした研究のためには，まず第1に**子どもたちが好き**でなければならず，日々新たな変貌を示す存在を前にして子どもたちの成長に感動できなければならない。さらにいえば，財産として好き勝手にできるコレクション的な愛ではなく献身的で寛容な愛，各々の子どもの独自性を尊重し，独自性の発現を妨げず理解をもってはぐくむ愛が求められるのである。

　第2に，ある程度の冷静（クール）さがなければならない。冷静であることにより，私たちの主観的な見え方から誤りに陥ることを避け，客観的にあるがままに見ることできるのである。何をおいても，**評価的判断を下してはならない**。評価はほとんど常に批評であり，あらかじめ固定された理想との比較であり，人為的なものである。評価しないこと，それは子どもたちの行動がふつうではないように思われ，私たちの予想に反している場合でも，その短所を批評

しないことでもある。それはまた，子どもの行動をその子をとりまく環境，私たち大人がその一員となっている**環境への反応として理解する**ことである。そうすることによって，批判したい気のする異常な行動の原因の一半が，実は私たち大人の側にあるのではないかと考えることにつながるのである。

これまで本書で見てきたように，ふつうには**欠陥**もしくは**罪**とすら見なされるような行動が，実は子どもが環境に適応しそこねたつらさへの防衛反応と見られることがたいへん多いのである。第Ⅱ部第8章には明瞭にそのような例が追加されている。

顔立ちを診立てる相貌心理学の専門家は，子どもの性格を形態的な型に関係づけることにより，すべての教育活動に欠くことのできない先行条件を理解することができる。

したがって相貌心理学を志すものは，子どもの行動様式に介入することなく吟味し，その子の相貌型と行動観察とを引き比べながら，相貌心理学的対応の理解に習熟するように，日々の観察を蓄えていくことが望ましいのである。

逆方向のこと，つまり，子どもの顔立ちを分析し，その子が特定の状況でどのようにふるまうかについて予見することも必要なことはもちろんである。

相貌心理学者となるためには，いうまでもないことだが，画家と同じように，形態の大枠を正確に捉え，顔立ちの顕著な特性を見抜く眼を養わなければならないだけではなく，心理学の領域でも，性格と知能の多様な特性を熟知しなければならない。それは毎日のように子どもたちと接触できる人たち，つまり，親や保育士や教師のように，子どもたちへの注意深く共感を込めた興味をそなえる人たちにはとりわけできやすいということを知らなければならない。それができるためには相互に認め合い，心を開き合って，どんな心的領域についても拒み合わないことが必要であろう。特に必要なのは，精神分析学が心的生活の無意識部分の重要性を示して明らかにした子どもについての深い知識のすべてを知り，受容することであろう。同様にまた，さまざまな概念に依拠して，それぞれに一面の真実を内包している性格学を利用することも必要であろう。このとき大切なのは，教条主義的な幻想を排して，生きた現実を狭小な固定観念に閉じ込めないようにすることである。要は，いつも子どもに，その存在のあるがままに，その固有の独自性に，いかなる先入見もなしに立ち返るこ

とである。相貌心理学の**方法**とは，そのしなやかさにおいてこのような態度を可能にするものなのである。

　とはいえ，子どもの感情生活の精神分析が比較的容易であるとしても，知的能力適性についても話は同じだということにはならない。その証拠に，エーマンとル・センヌの性格学的な概念では，研究が本能─感情的範囲に限られていたのを見てきた。そしてこの考え方を補うために，知能研究というたいへんむずかしい研究を追加しなければならなかった。これがむずかしいというのは，すでに見たように，それがあらゆる能力の総合であり，額の形態の分析が最重要ではある反面，顔立ち全体の一般的調和に配慮した総合でなければならないからである。

　再度，そして最後の結びとしていえば，ある**相貌心理学者の人格の取り柄に応じて，人の顔立ちの知識と解釈の程度も決まるものである**。私は，すでにこの知識を身につけやすい素質に恵まれた心性と知能があり，また，この知識がもたらす展望でたちまち人を魅了する素質を有するものがいることを強調した。経験から得られる熟錬が，これをなおさら際立たせることを追加しておきたい。いかなる活動に従事しようと，いかなる職業実践であろうと，参考になる実り多い観察の場というのはあるものである。**相貌心理学については，本を読んで得られることよりは，実生活から得られることのほうが多い**，ということは強調すべきことである。たとえば，何かの仕事に全力を傾けて取り組み，その結果その仕事に成功するうえで，必要とされる能力が何であるかを悟るということにまさる知識はないのである。

付録

■ 従来の類型学との対応表

　人に名誉を：まず最も古いヒポクラテスの類型学からふれることにしよう。

　この類型学はギリシャ的に均衡のとれた気質，いわゆる基準的気質（カノン）とともに，気質の型を4つに分けて記述したものである。その4つの気質とは，リンパ質または粘液質，多血質，胆汁質または興奮質，および神経質または黒胆汁質である（図58）。

　私は，可能な限り——というのは，多様な類型説の間の対応は必ずしも厳密なものにならないので——ヒポクラテスの体系と現代の気質理論の対応を跡づけるようにした。

　形態による性格を問題にする説がいくつかある。ドイツのクレッチマーの考え方は精神病理学的観察に基礎を置いていた。イタリアのペンデ（Pende）の場合は，短身（Brévilignité）—長身（Longilignité），力感—無力感の2項対立を組み合わせてヒポクラテスの4類型を再構成したものである。アメリカのシェルドンは正常な体型の観察から3つの成分，すなわち外胚葉（ectomorphisme），中胚葉（mésomorphisme），内胚葉（endomorphisme）を分離し，この3つの成分の重みを組み合わせて無限の個人差を再構成した。

　これらはどれをとっても，わずかにクレッチマーの一部分を除けば，相貌心理学のように，顔立ちに大きな重要性を与える考え方を採用していない。

　図表の性格学的な理論としてはただ1つエーマン-ル・センヌのものだけが取り上げられている。ここで用いられた名称はヒポクラテスの類型学に対応していない。特にヒポクラテスの粘液質とエーマン-ル・センヌの粘液質，ヒポクラテスの興奮質[†]とル・センヌのそれを同じと見なしてはならない。

[†] 興奮質（型）Colériqueのcolé (kole) という語根は胆汁の意味であり，古くから怒りの源と考えられてきた。

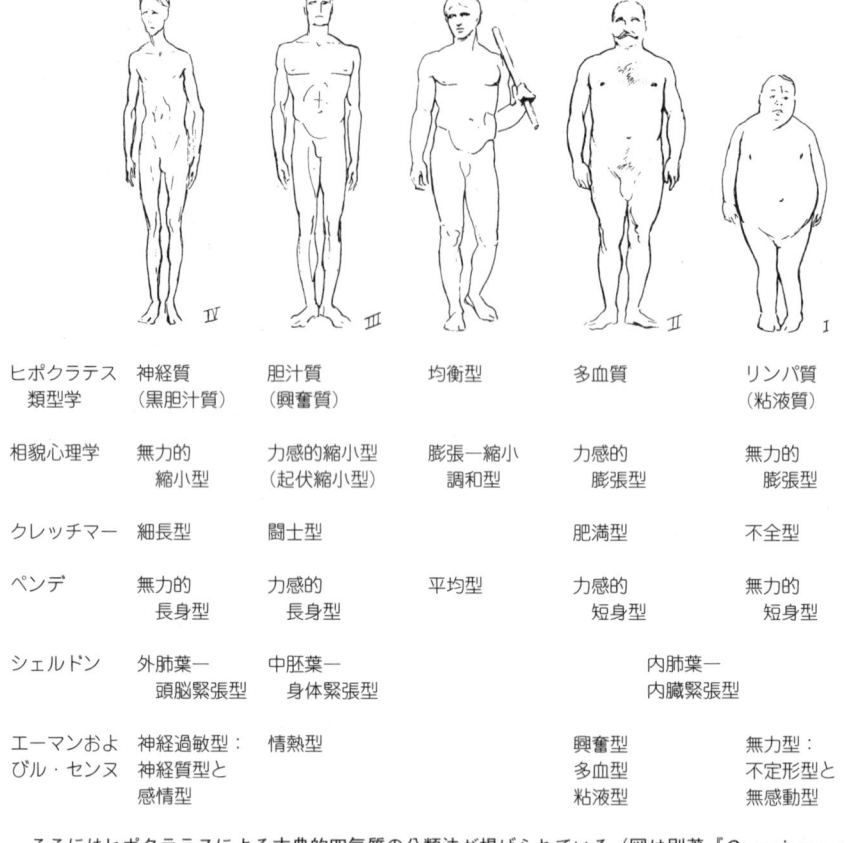

	IV	III		II	I
ヒポクラテス類型学	神経質 （黒胆汁質）	胆汁質 （興奮質）	均衡型	多血質	リンパ質 （粘液質）
相貌心理学	無力的 縮小型	力感的縮小型 （起伏縮小型）	膨張―縮小 調和型	力感的 膨張型	無力的 膨張型
クレッチマー	細長型	闘士型		肥満型	不全型
ペンデ	無力的 長身型	力感的 長身型	平均型	力感的 短身型	無力的 短身型
シェルドン	外肺葉― 頭脳緊張型	中胚葉― 身体緊張型		内肺葉― 内臓緊張型	
エーマンおよびビル・センヌ	神経過敏型： 神経質型と 感情型	情熱型		興奮型 多血型 粘液型	無力型： 不定形型と 無感動型

　ここにはヒポクラテスによる古典的四気質の分類法が掲げられている（図は別著『Connaissance de tempraments par la morphologie』の再掲）
　近代的なシゴーの形態論では、タイプⅠとⅡは膨張型で、無力的膨張型と力感的膨張型に二分される。これらは昔、リンパ質、多血質と呼ばれてきたタイプである。
　タイプⅢとⅣは縮小型で、力感的縮小型と無力的縮小型に二分される。昔、胆汁質、神経質と呼ばれてきたタイプである。
　中央部には2つの反対傾向の均衡したタイプが示されている。これはその調和性の特徴により基準型（カノン）として位置づけられる

図58　ヒポクラテス気質論の体型論

索引

い
一般的な4類型［quatre types généraux］99

う
内枠［petit visage］62

え
エーマン［Heymans］95
エディプス期［stade oedipien］118
エディプス期以前 stades pré-oedipiens］115

お
応答傾向［tendance réagissante］61
応答性［retentissement］95, 98, 110, 140

か
外向性［extraversion］110
開放的受容器の縮小タイプ［rétracté à récepteurs ouverts］63
開放的な顔［visage ouvert］15, 26
学業への動機づけ［la motivation au travail scolaire］181
拡張期の顔立ち［morphologie du stade expansif］7
拡張（の）本能［instinct d'expansion］2, 111
格納型受容器［rééepteurs abrités］32
活動エネルギー［énergie d'action］140
活動型［actifs］136
活動型：弱感情性・活動性（nE-A）型［actifs: nE-A］147
活動性（A）［activité］95, 97, 139
活動的鼻脇前面縮小［rétraction latéro-nasale dynamisante］54
活力化［dynamisation］17
感覚運動的知能［intelligence sensori-motrice］175
感受性（感情性）［sensibilité］139
感情型［sentimental］102, 103, 108, 141
感情型縮小タイプ［type de rétraction affective］168
感情―頭脳タイプ［types affectifs-cérébraux］48
感情性［émotivité］97
感情性・活動性・即時型（E-A-P）［sensitifs-actifs extravertis (E-A-P)］102
感情性・活動性・遅延型（E-A-S）［sensitifs-actifs introvertis (E-A-S)］102
感情性・活動性（E-A）［sensitifs-actifs (E-A)］100
感情性・弱活動性・即時型（E-nA-P）［sensitifs extravertis (E-nA-P)］102
感情性・弱活動性・遅延型（E-nA-S）［sensitifs introvertis (E-nA-S)］102
感情性（E）［émotivité］95
感情性（E）と活動性（A）および応答性（P/S）の組み合わせ［alliages de E et A avec le retentissement］102
感情性（E）と活動性（A）の組み合わせ［alliages de E et A］99
感情性・弱活動性（E―nA）［sensitifs purs

187

(E-nA)］］ 100
感情ゾーン［zone des sentiments］ 36
感情ゾーン拡張(の)タイプ［type d'expansion affective］ 42, 58, 170
乾燥化［desséchante］ 17
乾燥型縮小タイプ［rétraction desséchante］ 166

■ き
幾何学的なかたち［formes géométriques］ 129
起伏縮小タイプ（／型）［type rétracté bossué］ 30, 32, 83
起伏―縮小(の)肉付きタイプ［modelé rétracté bossué］ 15, 29, 36, 83
教師の役割［role de maîtres］ 174
局所拡張［expansion élective］ 13
局所拡張(の)タイプ［types d'expansion élective］ 36, 170

■ け
検査の技法［technique de l'examen］ 124

■ こ
攻撃性［agressivité］ 7
口唇期［stade oral］ 3
口唇サディズム期［stade sadique-oral］ 7
興奮型［colérique］ 102, 106, 152
肛門サディズム期［stade sadique-anal］ 7
固着［fixation］ 164
混合タイプの顔立ち［morphologie de types mixtes］ 32

■ し
自我［moi］ 12
自我統制［maîtrise de soi］ 140
弛緩した膨張タイプ［type dilaté atone］ 9
シゴー［Sigaud, Claude］ 13, 29, 36
視線の表情［expression du regard］ 92
弱活動性［non-activité］ 97
弱感情性［non-émotivité］ 97
弱感情性・活動性・即時型（nE-A-P）［actifs extravertis (nE-A-P)］ 102
弱感情性・活動性・遅延型（nE-A-S）［actifs introvertis (nE-A-S)］ 102
弱感情性・弱活動性・即時型（nE-nA-P）［atones extravertis (nE-nA-P)］ 102
弱感情性・弱活動性・遅延型（nE-nA-S）［atones intravertis (nE-nA-S)］ 102
弱感情性・弱活動性（nE-nA）［atones (nE-nA)］ 100
弱感情性・活動性（nE-A）［actifs purs (nE-A)］ 100
縮小タイプ［rétractés］ 14, 17, 20, 31, 62, 129
受動的拡張［expansion passive］ 8
受動的拡張期［stade d'expansion passive］ 3
受動的拡張タイプ［expansion active］ 127
受動的膨張タイプ［dilatés passifs］ 164
純粋活動型［actifs purs］ 100
純粋神経過敏型［sensitifs purs］ 100
情熱型［passionnés］ 102, 106, 152
神経過敏型［sensitifs］ 136
神経過敏型：感情性・弱活動性（E-nA）型［sensitifs purs（E-nA）］ 141
神経過敏―活動型［sensitifs-actifs］ 100, 136
神経過敏―活動型：感情性・活動性（E-A）型［sensitifs-actifs（E-A）］ 151
神経質（型）［nerveux］ 15, 24, 102, 103, 108, 141

■ す
頭脳ゾーン［zone de la pensée］ 178
頭脳ゾーン拡張(の)タイプ［type d'expansion cérébrale］ 44, 58, 80, 171

■ せ
性格類型［types caractériels］ 163
制限的拡張タイプ［expansion contrôlé］ 127
正常な発達［développement normal］ 162
精神分析［psychanalyse］ 114
生命力［vitalité］ 13
選択的環境［milieu d'élection］ 12
前面縮小［rétraction de front］ 32, 130

■ そ
相貌診断家（相貌心理学者）［morphopsychologue］ 124

即時応答タイプ［type réagissant］ 63, 66, 68, 70
即時型［primaires］ 96, 140
即時型応答性（P）［retentissement primaire (P)］ 95
即時性［primarité］ 111
即時的神経過敏型［sensitif primaire］ 103
外枠と内枠［le grand visage et le petit visage］ 61
外枠［grand visage］ 62

■ た
多血型［sanguins］ 102, 108, 148
多血質［sanguin］ 11, 24
胆汁質［bilieux］ 15, 24
単純拡張のタイプ［type d'expansion simple］ 40

■ ち
遅延応答型（／遅延型応答性）［retentissement secondaire］ 72, 96
遅延型［secondaires］ 96, 140
遅延性［secondarité］ 111
遅延的神経過敏型［sensitif secondaire］ 103
知能［intelligence］ 105, 106, 110

■ な
内向性［introversion］ 110
内省的知能［intelligence réflective］ 176
内面化［intériorisation］ 17

■ に
二重拡張のタイプ［type d'expansion double］ 47

■ ね
粘液型［flégmatique］ 102, 108, 148

■ の
能動的拡張［expansion active］ 6, 9
能動的拡張期［stade d'expansion active］ 5
能動的拡張タイプ［expansion active］ 127

能力適性［aptitudes］ 135

■ は
波状型［type ondulé］ 32
波状縮小タイプ［modelé ondué］ 83
波状（の）肉付きのタイプ［modelé ondulé］ 15, 29, 36, 83
8類型［huit types］ 102

■ ひ
額［front］ 80
額の大きさ［grandeur du front］ 86
額の傾き方［degré d'inclinaison du front］ 86
額の分化と調和［différenciation et harmonie du front］ 82
肥沃化鼻脇前面縮小［rétraction latéro-nasale fécondante］ 54
鼻脇前面縮小［rétraction latéro-nasale］ 52, 86

■ ふ
不定形型［amorphes］ 102, 157

■ へ
閉鎖的受容器の膨張タイプ［dilatés à récepteurs fermés］ 72
閉鎖的な顔［visage fermé］ 15, 27

■ ほ
膨張―縮小タイプ［dilaté-rétracté］ 18, 31, 36, 62
膨張―縮小の混合タイプ［types mixtes dilatés-rétractés］ 29
膨張タイプ［dilatés］ 8, 9, 14, 17, 18, 31, 62, 129
保守（の）本能［instinct de conservation］ 2, 11, 111
補償の応答タイプ［réagissants compensés］ 65, 75, 78
本能―感情タイプ［types instinctifs-affectifs］ 47
本能―頭脳タイプ［types instinctifs-cérébraux］ 50
本能ゾーン［zone des instincts］ 36

本能ゾーン拡張（の）タイプ［type d'expansion instinctive］ 40, 56, 170

■ ま

まなざし［regard］ 125

■ む

無感動型［apathiques］ 102, 157
無力型［atones］ 100, 136
無力型：弱感情性・弱活動性（nE-nA）型［atones（nE-nA）］ 156
無力型縮小タイプ［rétractés atones］ 165, 166
無力型膨張タイプ［dilatés atones］ 164

■ め

眼［oeil］ 92

■ よ

抑制的鼻脇前面縮小［rétraction latéro-nasale inhibante］ 54

■ り

力感型縮小タイプ［rétractés sthéniques］ 165
力感的起伏縮小タイプ［rétractés bossués sthéniques］ 130
力感のある膨張タイプ［dilatés sthéniques］ 9
リンパ質［lymphatique］ 8, 24

■ る

ル・センヌ［Le-Senne］ 95, 135

訳者あとがき

　人と人との直接の交流は，相手と顔を見合わせることから始まる。初対面であっても，最初の一瞥でお互いに第一印象をこころにいだく。相手から顔をそらしがちになるのは，互いに受け入れがたいことを暗示している。言葉を交わしている間も，言葉以外の手段がコミュニケーションの底流を支え続ける。この間，顔の表情の交流はとくに重要な役割を果たし続け，相互に第一印象を修正しながらもより強い印象を形成していく。こうしたことの無数の体験が「顔立ちとパーソナリティ」の相関についての個々人の経験データになる。ひととなりは顔立ちに表われる，という日常心理学の常識はこのようにして生まれると思われる。「人間は40歳をこすとだれでも自分自身の顔に責任をもたねばならない」（200年以上前のアメリカの大統領リンカーンの言葉）。「顔には人生が表われる」（元NHK美粧室で10万人もの人々のメークを担当した岡野宏の『一流の顔』より）。これらはその表現例であり，また，東洋の観相術，西洋の骨相術などは経験知の集大成をはかったものとみられる。

　このような問題に正面から取り組む心理学はあまりなく，ルイ・コルマン博士の医学的心理学は傑出した業績と思われる。クレッチマーやシェルドンによる調査研究は身体形態と気質の関連を探った有名な研究であるが，顔立ち自体の形態については関心が希薄であった。コルマンの研究はここに鋭く切り込んでいる。その理論は明快である。身体とこころはともに生命力の発現であり，分かちがたく結びついている。生命力は環境に向かって拡張しようとする本能と，有害環境から身を守ろうとする保守本能として作用する。その作用は感情の豊かさ，自発的な活動エネルギーの大きさ，環境刺激への応答しやすさ，という3つの弁別的特徴によって理解される。ある子どもは感情性が大きいが，活動性は乏しく，刺激への応答性は豊かな（＋，－，＋）型の子どもである（p. 142, 図53参照）。ある子どもは（感情性－，活動性＋，応答性＋）型である（p. 148, 図55参照）。そして性格の重要側面とされる知能は，この3要因のあり様に対応して変わるということを明らかにしたのである。

　心身が同一の生命力に発するととらえるコルマンの考え方からすると，この

ようにして理論化された8種の気質類型に身体や顔立ちの形態的類型が対応するのは当然のことになる。拡張本能は身体や顔立ちの面では膨張として表われ，また，保守本能は形態面の縮小として表われる。こうしてある子どもは，赤ん坊のときは丸みを帯びた膨張型の顔立ちであっても，成長とともに顔の大枠が逆三角形の傾向を呈するようになる。また，ある子どもは，赤ん坊のときの丸みが修正されることなく膨張型のままに成長する。発達過程はこころとからだ（顔立ち）に協応して表われ，性格特徴とともに顔立ちの特徴が類型的に分化する過程とみられる。その分化は遺伝的に左右されるだけではない。その分化への環境要因による影響もたいへん大きい。コルマンは，家庭環境と教育環境の意義の大きさを強調する。子どもたちの成長を見守るうえで，配慮のあり方が子どもの類型により微妙に調整されなければならないということが注意される。いうまでもなく，コルマンの理論は遺伝的決定論でも宿命論でもない。性格も顔立ちも子どもたちの経験により違ったコースをたどり得るというのである。

　したがって，相貌発達心理学を理解することは，親や保育士，幼児教育者をはじめ，カウンセラーや心理臨床家にとっても有益なことであろうと思われる。そうした想いをもって本書の翻訳に当たったのであるが，ヨーロッパ人と日本人の顔立ちには形態上微妙な相違があることも明らかである。こうした点については，今後比較研究が必要かもしれない。

　最後に本書の訳出にあたり，お世話になった方々の名を記し謝辞を捧げます。福田睦子氏（明海大学名誉教授，哲学・倫理学）は共訳者として連名での出版の申し出をしたほどお力添えをいただきました。氏の訳業上の寄与率は大きく私の進行が遅いにもかかわらず，完成まで惜しまず援助をくださったことにこころからの感謝を表明いたします。

　また，北大路書房編集部長の関一明氏，同編集者の薄木敏之氏には，遅筆を辛抱強く見守っていただき，さらに，訳語や表記の校閲についての細心を極めたご支援をいただいたことに対してこころより感謝いたします。

2005年5月　　　　　　　　　　　　　　　　　　　　須賀　恭子

訳者紹介

須賀恭子（すが・やすこ）
- 1968年　お茶の水女子大学大学院人文科学研究科心理学（文学修士）
- 現　在　実践女子大学生活科学部教授，東京家庭裁判所家事調停委員
- 論　文　「顔立ちと性格の関係—コルマンの相貌心理学」実践女子大学生活科学部紀要　2003年
「家庭文化の継承としての父母像の変容」実践女子大学生活科学部紀要　1999年
- 著　書　『情報化時代の心理学』（共著）八千代書房　1999年
『入門乳幼児心理学』（共著）八千代書房　1989年
『生活と文化』（共著）コロナ社　1985年

顔立ちから子どもを知る
―ルイ・コルマンの相貌発達心理学―

| 2005年6月30日　初版第1刷印刷 | ＊定価はカバーに表 |
| 2005年7月10日　初版第1刷発行 | 示してあります。 |

　　　　著　　者　　Ｌ．コルマン
　　　　訳　　者　　須賀恭子
　　　　発行者　　小森公明
　　　　発行所　　㈱北大路書房
　　〒603-8303 京都市北区紫野十二坊町12-8
　　　　　電　話　(075) 431-0361㈹
　　　　　ＦＡＸ　(075) 431-9393
　　　　　振　替　01050-4-2083

©2005　　　　　　　　　　印刷・製本／㈱シナノ
検印省略　乱丁・落丁本はお取り替えいたします。
　　ISBN 4-7628-2444-5　　Printed in Japan